走近一棵樹

作者 田瑋東
插畫 姜米粒

De Fu Publishing

網站: www.defupublishing.com
電郵: info@defupublishing.com

《走近一棵樹》

(Walking Closer to a Tree)

作者:田瑋東(Weidong Tian)

繁體版紙本書國際書號 (ISBN):

978-1-922680-75-4

簡體版紙本書國際書號 (ISBN):

978-1-922680-76-1

繁體版電子書 EPUB 格式國際書號 (ISBN):

978-1-922680-77-8

簡體版電子書 EPUB 格式國際書號 (ISBN):

978-1-922680-78-5

出版: 德福出版社

2025年第1版

寫在前面

　　一直猶猶豫豫，出書還是不出書，這成了我的哈姆雷特之問。對植物幾乎一無所知的我，有何德何能去寫一本關於植物的書呢？然而無知常常也是一個良好的開端，就像一張白紙，可以在上面畫出美麗的圖案。

　　澳洲是一片神奇的大陸，在這裏生長著各種各樣開著花兒的樹，有開白花兒的，有開黃花兒的，有開粉花兒的，有開紅花兒的，有開紫花兒的⋯⋯真可謂是一年四季，萬紫千紅。遺憾的是，面對繁花似錦，我只會說一個英文詞兒：花兒（flower），面對叢林密布，我也只會說另外一個英文詞兒：樹（tree），就像一個臉盲症患者，分不清一棵樹與另外一棵樹的區別，叫不出一朵紅花或者一朵紫花的名字。它們是澳洲本土植物還是移民植物？它們究竟有著怎樣的生活習性呢？

　　澳洲的各種奇花異樹讓我暗下決心要一棵一棵地去認識身邊的每一棵樹，一朵一朵地瞭解看

過的每一朵花兒。知道了植物獨特的名字，就好像交了新朋友，從熟悉到喜愛，身邊的植物世界就不再是單一的綠色，頓時變成了一個又一個色彩鮮活的生命群體。對各種植物的喜愛，也讓我深深認識到自然界萬物生命力的頑強，看過新芽嫩苗，看過花團錦簇，看過枝繁葉茂，看過枯葉凋零，年復一年，周而復始，生命就這樣走過了一章又一章，撫摸過的每一棵樹，嗅過的每一朵花都彷彿在向我呼喚著：熱愛生命。

於是，從 2017 年起我開始了識別身邊植物的歷程，從圖書館借來了有關澳洲植物的書籍，看著照片對照實物去辨別，或者利用自己拍的照片和各種神器，在網上搜索植物的名字。一開始覺得這一切太容易了，可是後來慢慢發現其實並不那麼簡單，植物的分類：界、目、科、屬、種，一個科或者屬的下面就可能有成百上千種植物，它們都是近親，長相迥異，脾氣秉性各有千秋，開的花兒也形形色色，極易混看搞錯，植物學是一門科學，來不得半點兒馬虎。

認識了許多樹和花兒之後，就開始嘗試著寫一些有關樹和花兒的短文，並非科普文章，更

多的是自己的感受和由樹或花兒而引發的一些遐思，力求從不同的角度描述各種樹和花兒的美妙，抒發自己對大自然、人生及生命的認知和感慨。短文發在微信朋友圈，還有一些發表在國內《新青年》雜誌上，日積月累，集腋成裘，幾年下來也攢了十幾萬字，就有了匯集出書的想法。

小時候去鄰居的叔叔伯伯家串門兒，最羨慕的就是擺在書架上印著他們名字的大大小小的書，儘管當時我看不懂裏面寫的是什麼，卻覺得出版一本印著自己名字的書是一件無上榮光的事兒。出書，也許就這樣在我幼小的心靈裏播下了一粒種子。

記得英國作家 C·S· 劉易斯在《反璞歸真》裏說過這樣一段話：「一隻蛋變成一隻鳥可能很難，讓一隻鳥在仍然是蛋的時候學會飛翔會更難。我們現在就像蛋，你不能無限期地只是一個普通的、體面的蛋。我們必須孵化，否則就會變壞。」我不想變成一枚劉易斯所說的「壞蛋」，所以就孵出了這本帶有瑕疵的有關樹與花兒的小書。

通過對幾千張照片的辨識對照，無數次在花園和植物園裏的觀察研究，挑燈夜戰收集各種有

關樹木與花兒的奇聞異事……不同的樹，不同的花兒觸動了我內心深處不同的情感，讓我對人生的喜怒哀樂有了新鮮而豐富的體驗和認知。在這幾年量變到質變的過程中，我也從一枚植物小白成長為對植物略知一二的業餘專家。特別感謝作家兼畫家的好友米粒欣然同意為這本書手繪水彩插圖，文字配美圖，把豐富的知識性和飽滿的人文情感融為一體，賞心悅目，相得益彰。

　　不奢望能夠流芳萬年，只希望這本小書能帶給讀者一點點安慰，一點點啟發，一點點勇敢，也能為這個世界增添一點點美麗的色彩。

　　　　　2024 年 11 月 17 日於澳大利亞悉尼

目  錄

寫在前面…………………………………………… 1

春之浪漫篇 ……………………………………… 1

1 傘木蘭 Umbrella Tree:

下雨時，撐起一把傘………………………………… 2

2 三葉楊 Cottonwood Tree:

每個人生命中的一條街……………………………… 6

3 澳洲腰果樹 Tar Tree:

瑪蒂爾德與項鏈的一場美麗誤會………………… 10

4 藍花楹 Jacaranda Tree:

我們遺失了曾經最美的擁有……………………… 13

5 婦人舌樹 Woman's Tongue Tree:

於無聲處聽驚雷…………………………………… 16

6 瓶子樹 Bottle Tree:

一心只想在瓶子裏復活春天……………………… 19

7 玉蘭樹 Magnolia Tree:

故事總是這樣開始的…………………………………… 22

8 柳樹 Weeping Willow:

你美麗世界才會美麗…………………………………… 25

9 櫻桃樹 Cherry Tree:

春天對櫻桃樹做的那些事兒…………………………… 29

10 杜鵑花 Azalea:

讓它永遠捧著一束玫瑰………………………………… 33

11 玫瑰 Rose:

送人玫瑰，手有餘香…………………………………… 36

12 蒂牡花 Tibouchina:

野牡丹也有春天………………………………………… 40

13 肉豆蔻樹 Queensland Nutmeg:

豆蔻梢頭二月初………………………………………… 43

14 木棉樹 Silk Cotton Tree:

濃須大面好英雄，壯氣高冠何落落…………………… 46

15 瓶刷子樹 Bottlebrush Tree:

拐過街角的第四棵樹…………………………………… 50

16 曼陀羅樹 Angel's Trumpet:

吹不響的天使喇叭……………………………………… 53

17 桃金娘葉遠志 Sweet Pea Shrub：

一廂情願夫唱婦隨的故事……………………… 57

18 流蘇樹 Chinese Fringe Tree：

傾城之戀白流蘇……………………………… 61

19 大葉醉魚草樹 Butterfly Bush：

酒不醉人人自醉……………………………… 65

20 海棠樹 Chinese Crab Tree：

最憾海棠無香………………………………… 69

21 山櫻花樹 Bellflower Cherry Tree：

落英繽紛的相遇……………………………… 72

22 鴛鴦茉莉 Yesterday, Today and Tomorrow：

昨天、今天和明天…………………………… 76

23 含笑樹 Banana Shrub：

帶著香味兒的微笑…………………………… 81

夏之絢爛篇 ⋯⋯⋯⋯⋯⋯⋯⋯⋯⋯⋯⋯⋯ 87

1 合歡樹 Rain Tree：

一場說走就走的心靈之旅⋯⋯⋯⋯⋯⋯⋯⋯⋯ 88

2 黑豆樹 Black Bean Tree：

借我借我一雙慧眼吧⋯⋯⋯⋯⋯⋯⋯⋯⋯⋯ 91

3 桑椹樹 Mulberry Tree：

綠皮火車上一段甜蜜的回憶⋯⋯⋯⋯⋯⋯⋯⋯ 94

4 火焰樹 Flame Tree：

你是否知道我的名字叫紅⋯⋯⋯⋯⋯⋯⋯⋯⋯ 97

5 直升機樹 Helicopter Tree：

我是一個任性的孩子⋯⋯⋯⋯⋯⋯⋯⋯⋯ 100

6 火輪樹 Firewheel Tree：

別說天長地久有時盡⋯⋯⋯⋯⋯⋯⋯⋯⋯ 103

7 英國榆木 English Elm：

你永遠無法走回的過去⋯⋯⋯⋯⋯⋯⋯⋯ 106

8 雞蛋花樹 Frangipani Tree：

此花究竟是在心內還是在心外⋯⋯⋯⋯⋯⋯ 109

9 銀荊樹 Silver Wattle：

伴著羅曼蒂克一口喝下去⋯⋯⋯⋯⋯⋯⋯⋯ 112

10 棕櫚樹 Palm Tree:

我無法選擇我別無選擇……………………… 116

11 紫薇 Crape Myrtle:

最好的滋味是耐人尋味……………………… 119

12 澳洲聖誕樹 Christmas Tree:

渴望一個白色的聖誕節……………………… 123

13 紅樹林 Red Mangrove Tree:

堅強是你的名字……………………………… 126

14 好萊塢樹 Hollywood Tree:

如果樹也能拍電影…………………………… 129

15 洋蔥樹 Onionwood Tree:

一層一層地剝開我的心……………………… 133

16 奎寧樹 Quinine Tree:

救人一命，勝過神仙………………………… 136

17 梔子花樹 Gardenia Tree:

濃縮的一整個夏天…………………………… 140

18 苦楝樹 Chinaberry Tree:

紫絲暈粉綴鮮花……………………………… 144

19 九裏香樹 Orange Jasmine:

好一朵美麗的茉莉花………………………… 148

20 澳洲赤楠樹 Lilly Pilly Tree:

開在籬笆墙上的花⋯⋯⋯⋯⋯⋯⋯ 152

21 含羞樹 Blushwood Tree:

值得為生命受苦受難⋯⋯⋯⋯⋯⋯ 156

22 斑克木 Banksia:

命運是你無法擺脫的誤會⋯⋯⋯⋯⋯ 160

23 露兜樹 Screw Pine:

走進一幅畫兒的世界⋯⋯⋯⋯⋯⋯⋯ 163

秋之靜美篇⋯⋯⋯⋯⋯⋯⋯⋯ 167

1 法國梧桐 Plane Tree:

我與南方的一個小小約定⋯⋯⋯⋯⋯ 168

2 滴血心樹 Bleeding Heart Tree:

離去並不是因為不愛你⋯⋯⋯⋯⋯⋯ 172

3 石栗樹 Candlenut Tree:

春蠶到死絲方盡，蠟炬成灰淚始乾⋯⋯⋯ 176

4 象豆樹 Matchbox Bean Tree:

賣火柴小女孩的陰差陽錯⋯⋯⋯⋯⋯ 179

5 楓樹 Maple Tree:

告訴你一個秋天的故事……………………… 183

6 橘樹 Orange Tree:

橘子是不是唯一的水果……………………… 186

7 梣樹 Ash Tree:

我不知道你究竟是不是一棵樹……………… 190

8 蘋果樹 Apple Tree:

一個被上帝咬過的蘋果……………………… 193

9 橄欖樹 Olive Tree:

我要在頭上插滿故鄉的花…………………… 197

10 栗子樹 Chestnut Tree:

等你果殼裂開時的那一點聲響兒…………… 201

11 桃樹 Peach Tree:

桃花是否依舊笑著春風……………………… 204

12 山毛櫸 Beech Tree:

透進生活中的幾縷陽光……………………… 207

13 糖木樹 Sugarwood:

那一塊瑪德琳蛋糕的味道…………………… 210

14 猴耳環樹 Scarlet Bean Tree:

紅耳朵也可以相思…………………………… 213

15 羅望子 Tamarind Tree:

望斷天涯路……………………………………… 216

16 墨欖果 Emu Apple:

逃避不是一條出路……………………………… 220

17 柿子樹 Persimmon Tree:

柿葉翻紅霜景秋，碧天如水倚紅樓………… 224

18 花生樹 Peanut Tree:

長生果的命運如何……………………………… 227

19 框檔樹 Quandong Tree:

本來無一物，何處惹塵埃…………………… 231

20 榲桲樹 Quince Tree:

味覺也是有記憶的……………………………… 234

21 烏桕樹 Chinese Tallow Tree:

月落烏啼霜滿天………………………………… 238

22 櫟樹 Oak Tree:

松鼠捨不得的寶貝……………………………… 242

23 胡蘿蔔樹 Tuckeroo Tree:

胡蘿蔔也可以是一棵樹………………………… 246

冬之長青篇 ⋯⋯⋯⋯⋯⋯⋯⋯⋯⋯⋯⋯⋯⋯⋯⋯ 253

1 紅口桉樹 Scribbly Gum：
一封寫給風的無字情書⋯⋯⋯⋯⋯⋯⋯⋯ 254

2 南洋杉 Monkey Puzzle：
蘇格拉底如是說⋯⋯⋯⋯⋯⋯⋯⋯⋯⋯⋯ 258

3 蘇鐵樹 Cycad：
白娘子千年等一回的絢麗傳奇⋯⋯⋯⋯⋯ 261

4 無花果 Moreton Bay Fig Tree：
沒有秘密的秘密花園⋯⋯⋯⋯⋯⋯⋯⋯⋯ 264

5 紫杉樹 Yew：
讓太陽扶我站起來去打開光明⋯⋯⋯⋯⋯ 268

6 意大利柏 Italian Cypress：
女媧無法彌補的天裂⋯⋯⋯⋯⋯⋯⋯⋯⋯ 272

7 恐龍杉 Wollemi Pine：
你是我心中永遠的秘密⋯⋯⋯⋯⋯⋯⋯⋯ 275

8 松樹 Pine Tree：
走向我們自己選定的終點⋯⋯⋯⋯⋯⋯⋯ 278

9 水杉 Dawn Redwood：
是否能夠遇見平凡的你⋯⋯⋯⋯⋯⋯⋯⋯ 281

10 白樺樹 Birch Tree：

一如既往地望著我們的眼睛……………………… 285

11 山茶花樹 Camellia Tree:

總在不合時宜的季節相逢………………………… 288

12 冬青樹 Holly Tree:

一個七月流火的聖誕節…………………………… 291

13 雪松 Cedar:

傲慢與偏見之狹路相逢…………………………… 295

14 火麻樹 Stinging Tree:

魔鬼蟄你沒商量…………………………………… 298

15 奇子樹 Idiotfruit Tree:

來自史前的呼喚…………………………………… 301

16 鐵木樹 Ironwood:

錚錚硬骨立人間…………………………………… 304

17 樟木 Camphor Tree:

適者生存，物競天擇……………………………… 308

18 榿樹 Alder Tree:

莫道前路無知己，天下誰人不識君…………… 311

19 白楸樹 Turn-In-The-Wind:

風中起舞舞翩躚…………………………………… 314

20 雪樹 Snow Wood:

與雪的一場約會…………………………………… 318

21 銀杏樹 Ginkgo Tree:

滿樹金黃滿樹詩⋯⋯⋯⋯⋯⋯⋯⋯⋯⋯⋯ 322

22 鵝掌楸 Tulip Tree:

吃不下去的鵝掌⋯⋯⋯⋯⋯⋯⋯⋯⋯⋯⋯ 325

23 芹菜樹 Celerywood:

菜之美者，雲夢之芹⋯⋯⋯⋯⋯⋯⋯⋯⋯ 328

米粒創作感言⋯⋯⋯⋯⋯⋯⋯⋯⋯⋯⋯⋯ 331

後　記⋯⋯⋯⋯⋯⋯⋯⋯⋯⋯⋯⋯⋯⋯⋯ 335

附錄：中、英、拉丁文樹木名稱表⋯⋯⋯⋯ 339

參考資料⋯⋯⋯⋯⋯⋯⋯⋯⋯⋯⋯⋯⋯⋯ 356

春之浪漫篇

我不是洛麗塔

也不想演戲

只是不可救藥地

想要復活春天裏的故事

下雨時，撐起一把傘

傘木蘭 Umbrella Tree

喜歡雨天，下雨的時候，從背包裏拿出雨傘，從容不迫地迎著風雨展開，頓時就隔開了兩個截然不同的世界。

　　雨傘擋住了風雨，雨傘下的我，就可以從容不迫地欣賞泰戈爾詩中的那些從別的歲月裏飄進我生命中的雲朵。可惜的是，這些雲朵並沒有變成雨後天空中的彩虹，而是變成了淅淅瀝瀝的雨滴，敲打著雨傘，敲打著大地，也敲打著我的心。好像是在說：不經風雨，又怎能見到彩虹呢？

　　世界上並沒有什麼好天氣與壞天氣，晴天陰天，下雨下雪，都是大自然本色的流露，各有千秋，好壞都取決於自己的心情。對我來說，雨過天晴就是鳳和日麗，雨就是情，雨就是詩，正如陸遊詩中所說的那樣：「夢破江亭山驛外，詩成燈影雨聲中。」下雨的時候，好像不用提筆，詩意就在雨中飄灑著，點點滴滴滋潤著身心。

　　世上總有些莫名其妙的緣份，一次下雨沒帶傘的時候，竟然發現路邊有一種樹就叫「雨傘」樹，這種樹並非澳洲特有，在中國廣東，海南和台灣等地也能看到。大概是因為這種樹的葉子長得像是雨傘，聽上去好像拿過來就可以遮風避雨

一樣。其實，樹葉中間有一根細細的莖，然後葉子一片一片從中間長出去，形成了一個圓，葉子耷拉下來，遠遠望去就好像綠色的雨傘一樣。

「雨傘樹」看上去形似，聽起來卻「詩意」皆無。在美國的夏威夷，這種樹居然被叫做「章魚樹」，讓人敢聽而不敢想，望文生義，好似一片片赤裸裸挂在樹上的大白肉。

總覺得英文太直觀，常常說一不二，毫無遮攔。而中文卻總有一番別樣的詩意盎然，我們把這種樹叫做傘木蘭，帶著花香和詩意，有了這樣的名字，下雨的時候，也許真的可以摘一片傘木蘭樹葉，走在雨中，縱然是遮風擋雨有限，心中卻是花意綿綿。

傘木蘭是一棵樹，在雨中嫵媚多姿，在風中花枝招展，綠色的葉子配著紅色麥穗般的花兒，詩情畫意就這麼輕而易舉地讓一棵樹演繹得如此完美無缺。雨中與一棵傘木蘭相遇，就好像是一場前世約定的緣份：你站那裏等待，我在向你走來。

有人喜歡雨，有人害怕雨，有人討厭雨，有人憐惜雨……無論怎麼說，其實雨還是雨，傘還

是傘，樹還是樹，傘木蘭還是傘木蘭，只不過一把雨傘經歷了前世今生的風風雨雨之後，終於明白了在下雨的時候，有的人在撐雨傘，有的人在等雨傘，有的人在雨中行，也有的人在等晴天。

每個人生命中的一條街

三葉楊 Cottonwood Tree

認識三葉楊這種樹，是因為我們在一條叫三葉楊月牙街的小街上住了八年，大兒子就在這裏出生，每次故地重遊，都開玩笑問他是否還記得這裏發生的一切，他總是說記得的，只是我們從不知道他都記住了些什麼？

每個人的生命中都有一條街，或許是條老街，或許是條新街，或許古樸，或許新潮，或許你住過一輩子，或許你只住過一個夜晚……然而無論你漂泊到什麼地方，也無論你年齡有多大，這條街總是魂牽夢繞，無法忘懷，就像那首歌裏唱的那樣，多麼熟悉的名字，從來都不需要想起，也永遠不會忘記。

我記憶中的三葉楊月牙小街，是陽台柵欄上爬滿了茉莉花，像瀑布一樣不停地向樓下瘋長，每年白色茉莉花開的時候，清香撲鼻，常常摘下幾朵，撒在茶几上的瓷盤裏，於是屋子裏也有了茉莉的花香，淡淡的久久不願離去，正如宋朝詩人姜夔在《茉莉》一詩中所說的那樣：「雖無艷態驚群目，幸有清香壓九秋」。

我記憶中的三葉楊月牙小街，是每日清晨四點就起床，笨鳥要先飛，天還沒亮就坐在電腦前爬格子，一字一字地寫著，有時我會在昏暗之中，體會寫不出來的絕望，從此深深懂得了寫作是一種暗無天日的勞作。就這樣一直寫到太陽漸漸升起，窗外樹蔭婆娑，美麗的一天開始了。

我記憶中的三葉楊月牙小街，是從三葉楊樹上落在春天的路邊那一嘟嚕一嘟嚕毛茸茸的白色小球球，是兒子小時候用手去抓玩這些毛茸茸的小球球，像極了故鄉春天裏的楊樹，那些小小的絨毛有時候會吹進鼻子裏，癢癢的感覺，眼淚有時候會不自覺地流下來。雖然這裏並不是故鄉，卻總是不自覺地把周圍的點點滴滴同故鄉聯繫在一起，無論是好的還是壞的。

　　世界上所有的大街小巷都充滿了記憶，有的是三葉楊，有的是茉莉花，有的是心有靈犀，有的卻是萬箭穿心。人的命運彷彿同街道有著千絲萬縷的聯繫，小街彷彿是一部情節緩慢的電影，小街上的花草樹木彷彿是風水，有時候電影會變成現實，風水也會變成命運，讓你跟跟蹌蹌深一腳淺一腳在這條街上漫無目的地向前走去。

　　草木本無情，因為有了記憶，才在我們的生活中鮮活起來。

瑪蒂爾德與項鏈的
一場美麗誤會

澳洲腰果樹 Tar Tree

許多人誤以為這種生長在澳洲熱帶雨林中的果子有毒不能吃，甚至連碰都不要碰，因為果子裏分泌出一種類似黑色焦油的物質，沾到皮膚上會引起過敏。然而澳洲土著人知道如何把這種果子泡在水裏兩至七天后，放在火上烤著吃，據說味道就同腰果一樣鮮美，故名澳洲腰果。

世界上的許多事情往往都斷送在誤以為真的手裏，我們誤以為澳洲腰果不能吃，錯過了品嚐的良機。莫泊桑筆下的瑪蒂爾德誤以為上流社會的人都品味高尚，怎麼也不會戴著假鑽石項鏈在舞會上混吧？於是她向朋友借了一條鑽石項鏈，在一次舞會上出盡了風頭，如果沒有把項鏈弄丟的話，她的生活也許不會發生什麼變化，然而沒想到這一次誤以為真卻讓她付出了如此沉重的代價。

有人說這就是虛榮，如果不想在舞會上出風頭，怎麼會吃盡苦頭，有人說這就是階層差距，中產階級終究跨越不了與上流社會的鴻溝。我卻覺得這其實只是一個美麗的誤會，瑪蒂爾德誤以為天下所有的鑽石都是真的，怎麼會有假的鑽石？她誤以為別人的眼睛都是火眼金睛，如果戴假鑽石項鏈，別人一眼就能看穿她的小把戲，怎麼能戴假鑽石而不被發現？愛美之心，人皆有之，她相信只有真實才能經得起考驗，盡管她的真實也只是借來的，即便如此，神不知鬼不覺，又有誰能知道呢？這一切又何錯之有呢？

所有的故事都從誤會開始，如果沒有外表與內心的誤會，沒有時間和空間的誤會，我們怎麼能看到扎西莫多美麗的心靈，美女又怎麼會嫁給野獸？如果沒有誤會，簡·愛又怎麼能對自己心愛的羅徹斯特如此慷慨陳詞：你以為我貧窮低微，沒有顏值，就沒有靈魂和心靈嗎？你不知道的是我和你有著一樣高貴的靈魂，一樣豐富的心靈。

　　所有美滿的結局並不一定都能走出誤會，也許會是一個更大的誤會，誤會彷彿是宿命，帶著我們走入真實和謊言交織的世界。人生旅途，我們也許只不過是從一個美麗的誤會走向另外一個美麗的誤會，就像劉小楓在《沉重的肉身》中所說的那樣：「誤會是生命的自然狀態，走出誤會才能轉入生命的自在境地，人只能在諒解和赦免中走出誤會編織的生命之網。」

　　問題是：我們錯過了澳洲腰果，還有美國腰果可吃，還有巴西腰果可吃。而知道了真相的瑪蒂爾德看著鏡子中的滿頭白髮，滿臉滄桑，她如何能原諒那條假鑽石項鏈呢？

我們遺失了
曾經最美的擁有

藍花楹 Jacaranda Tree

徜徉在一座城市裏，有的人喜歡看建築，有的人喜歡看花卉，有的人喜歡看風景，而我卻喜歡看城市裏那些開花的樹。

　　2016 年 10 月的一天，悉尼大學主樓庭院裏的藍花楹樹倒了，消息傳開，每個人的心頭彷彿都湧上了一種淡淡的憂傷，就像我們熟悉的一位老人，雖然非親非故，卻在倒下的那一瞬間帶走了 88 年春夏秋冬花開花落的故事，11 月也是澳洲學子們的考試季，悉尼大學裏倒下的藍花楹也一瞬間帶走了無數人在藍花楹樹下青春的倩影和美妙的回憶，帶走了那些還沒來得及講述平淡無奇卻動人心絃的故事。

　　藍花楹在巴拉圭語中是「香味」的意思，我卻從沒注意過這種樹開花有多香，只是知道這種樹本身就是奇葩一枚，秋風起時，葉落歸根，只剩下光禿禿的枝乾，春風徐來，在綠葉還沒有醒悟的時候，紫花就捷足先登，轉眼間綴滿了樹梢枝頭，於是澳洲每年 11 月春天的這個時候，每天就變成了一場與紫色的美麗邂逅，大街小巷處處點綴著迷人的紫色，每每從藍花楹樹下走過，紫色的花瓣紛紛揚揚飄落下來，灑在頭上，肩上，

腳上……人也彷彿飄浮在紫花雨中。

　　如果我們能選擇記憶的顏色的話，那麼我情願記憶是紫色的，紫色的藍花楹讓人過目不忘，與紫色相遇一次，無論長短都會變成永遠。但是記憶是短暫的，記憶是美麗的，記憶是似是而非縹緲虛無的，記憶有時也是殘酷無情的。

　　一旦曾經擁有，我卻不知道如何忘記，無論是痛苦還是美麗，可能還是不可能，我都願意留住這片刻記憶，記憶也是相見的一種方式，只要記憶還存在，就可以見到逝去多年的親人，見到故鄉秀麗的山川，見到遠方日夜思念的爹娘，見到情同手足的陳芝麻老友，當然，還有悉尼大學那棵倒了的藍花楹。

　　我們遺失了最美的擁有，沒有遺失的是最美的記憶。

於無聲處聽驚雷

婦人舌樹 Woman's Tongue Tree

無知的我曾經把這種樹叫豆角樹，因為上面長的豆莢，怎麼看怎麼像是北國故鄉的豆角，只不過故鄉的豆角不長在樹上，而是長在地裏支起來的豆角架上，像這種樹一樣，也是一個豆角架上嘀裏嘟嚕地能結好多豆角，但不知道為什麼這種大葉合歡樹，卻得了個婦人舌的綽號。

　　把這種樹叫婦人舌樹，覺得是人們的一種移情心理而已，人有舌頭才能說話，話語又直接產生了是是非非，所以說如果舌頭都長在了樹上，也許這個世界就可以得到片刻寧靜。在一個男權社會裏，女人往往承擔了一些莫須有的罪名，好像只有女人才會挑撥離間，搬弄是非，其實搬弄是非的不僅僅有長舌婦，更有長舌夫，他們不光是對你評頭論足，對世間萬物也一樣是一視同仁，說三道四。

　　對待是是非非的流言蜚語，我寧願選擇沉默。你越是在意，越是辯解，就越是煩惱，不如沉默。太瞭解，我選擇了沉默，因為沒必要；太不瞭解，我也選擇了沉默，因為不值得。沉默是金，沉默是銀，唯如此沉默，才能真正聆聽自己內心的聲音。

一聲不吭並不意味著軟弱可欺，也不意味著一無是處，如果不在沉默中爆發，就在沉默中消亡。樹是沉默的，卻總是願意為你遮風擋雨；花是沉默的，卻總是願意為你花香四季；深深愛著你的那個人有時候也是沉默的，因為愛得太深，已經沒有必要用任何花言巧語來表達。

　　沉默是一種態度，沉默是一種心情，沉默是一種一切盡在不言中的表達方式，有時候沉默勝過千言萬語。沉默的大多數，在一聲不吭中見證人性，在一聲不吭中學習人性。

一心只想
在瓶子裏復活春天

瓶子樹 Bottle Tree

我有兩個玻璃瓶子，一個是蘋果形狀，一個是長把大鴨梨形狀，每年冬天的時候，我就在瓶子裏鋪上一層薄薄的黑土，把從院子裏的玉樹或者肉肉上隨便掐下來的一枝插在瓶子的黑土裏，然後從瓶子的開口處，滴進去幾滴水，瓶子裏馬上就有了一片綠意盎然，心裏莫名其妙地涌上了一股暖流，好像花兒開在了春天……都說春天的花是冬天的夢，然而冬天的時候，我卻不想做夢，只想用這一點兒綠色復活整個兒一個春天。

　　瓶子裏的春天只能留在瓶子裏，而瓶子樹卻留在了昆士蘭美麗富饒的大地上，瓶子樹特別容易識別，個個都是大腹便便的樣子，像一個大肚瓶子立在廣袤無際的原野上，任憑風吹雨打，看上去都是堅強不屈的樣子，其實瓶子樹一肚子都是海綿體，吸水性特別強。在乾旱的季節，它會迅速脫掉渾身上下的葉子，利用肚子裏的水頑強地活下去。

　　澳洲只有一種瓶子樹，其他十幾種瓶子樹都分布在非洲，只不過在那裏，它們變成了猴麵包樹，因為猴子特別喜歡吃瓶子樹上的果子。大概是大肚能容的緣故吧，瓶子樹個個都是老壽星，

只是歲月無情，年復一年，日復一日，它們的肚子越來越大，樹皮越來越厚，枝葉也失去了往日的溫柔，張牙舞爪，橫衝直撞，於是越老越變得面目可憎起來。

瓶子外面的春天是所有人的春天，而瓶子裏的春天卻只是我一個人的春天，如何欣賞春天，大名鼎鼎的錢鐘書曾經給過我們這樣的建議，他說室外的春天太賤了，陽光也太過於強烈，風也太懶散。所以一切都要有襯托才好看，不如把春天鑲嵌在窗子裏，就像看一幅畫一樣。

並不覺得屋外的春天太賤了，不過卻喜歡上了把春天鑲嵌在窗子裏的意境，無論是鑲嵌在窗子裏，還是種在瓶子裏，我們都只不過想留住春天，不為別的，只因為生命的傷口，在春天裏也綻放如花，如火如荼。

像是上帝不小心打翻了染色瓶，五顏六色的花兒點綴著春天的原野，納博科夫筆下的洛麗塔不可救藥地一心只想著去演戲，我不是洛麗塔，也不想演戲，只是不可救藥地想要復活春天裏的故事。

故事總是這樣開始的

玉蘭樹 Magnolia Tree

家附近的一條小街，名字就叫玉蘭花街，不知道是先有玉蘭花，還是先有街道名。雖然不是家家戶戶都種玉蘭花，但是每到玉蘭花開的季節，隨處可見綴滿枝頭的大朵大朵的玉蘭花，真可以說是：「淨若清荷塵不染，色如白雲美若仙。微風輕拂香四溢，亭亭玉立倚欄杆。」

玉蘭花美如麗人，遺憾的是花期太短，還沒開幾天，花瓣們就成群結隊紛紛揚揚地撲向大地的懷抱，就像無數文人墨客筆下描述的那樣，在萬籟俱寂的夜晚，你一定能聽見玉蘭花落地簌簌的聲音。

傍晚，漫步在玉蘭花街上，看著別人家的小狗在灑滿玉蘭花瓣的草地上撒歡兒，跑來跑去，花瓣也隨著狗在草地上飛舞，心裏真是替玉蘭花惋惜，因為知道玉蘭花是可以吃的，即便是不吃玉蘭花，拿來泡茶喝也是滿口清香，可是讓狗爪子胡亂攪合過了，又怎麼能喝得下去呢？想撿幾朵玉蘭花的我，也只好聞聞花香，悻悻離去。歲月靜好，我不忍心去打擾那只狗的如此雅興。

小街的生活很平靜，雞犬之聲相聞，老死不相往來，常常是一個人在街上走，聽不見鄉音，

看不見人影，只有一花一草一樹在默默地注視著你。有時候這種平靜讓你窒息，讓你想大聲地吶喊，為什麼就一點變化多端都沒有呢？為什麼總是年復一年日復一日呢？於是你心裏開始渴望有一個故事。

然而生活從來都不平靜，平靜的表面下常常是暗流涌動，像大海一樣波濤洶湧，自己漸漸被周圍的黑暗浸透，海水彷彿把我卷入其中，海水跳動得越來越歡，黑暗則變得越來越平靜，不知不覺中，我變成了海水，我也變成了故事。

窗外夜色漆黑，風停了，玉蘭花淡淡的香甜彷彿還停留在指尖，鼻尖和嘴角，周圍萬籟俱靜，我仍然努力想聽到玉蘭花落地的聲音。

你美麗世界才會美麗

柳樹　Weeping　Willow

天下的想象力是一樣的，然而文化風俗和生活經驗的不同，腦海中想象出來的形象卻是風格迥異，千差萬別。勞倫斯在《白孔雀》中寫柳樹，是每一根細枝上都懸著一頂金色而小巧玲瓏的高頂帽，如果是由我來寫《白孔雀》的話，那麼每一根細枝上都應該是懸著金色而小巧玲瓏的麥穗。

都說「若把西湖比西子，濃妝淡抹總相宜」，如果用來形容樹的話，那麼柳樹就是林中的西子。的確，同一片瀰漫著陽剛之氣的森林相比，亭亭玉立的柳樹就是嫵媚柔情的美女一枚。難怪英文名中也要加上「哭泣」一詞，用來形容柳樹像是一位哭泣的美女，淚水順著臉滴落下來形成了隨風飄曳的片片綠葉，又像是一位披著一頭綠髮的美女，隨風起舞，婀娜多姿，花開時節，柳絮紛紛，如詩如畫，如此這般浪漫多情，讓天下文人墨客無不文思泉涌，落筆成章。

然而我們想不到的是，這個看上去弱不經風的小女子，居然為了自己的身世和名份與楊樹打了幾百年的官司。說來話長，柳樹原本產於中國，家族有三千多成員，後來又傳播到世界各地。然而在著名的《聖經》中，有一段關於猶太人逃

離古巴比倫城的記載，說他們坐在巴比倫河邊休息時看到了河邊許多像是在哭泣的柳樹，觸景生情，百感交集，於是就把樹命名為巴比倫柳寫進了《聖經》裏。

　　因為是《聖經》裏說的，所以千百年來人們就堅信這種柳樹的原產地在古代的巴比倫城。為了柳樹的發源地這件事兒，世界各地的植物學家們也爭論不休，直到現代通過對樹種的基因研究，才證明這種柳樹的的確確發源於中國，而《聖經》中記載的所謂巴比倫柳實際上是一種楊樹，從此之後，再版的《聖經》裏，這種樹的名字也從巴比倫柳改成了楊樹，正本清源，一場跨世紀的官司終於打贏了。

　　可是話又說回來，其實柳樹的俗名又叫垂楊柳，我們老祖宗流傳下來的《詩經》裏也有這樣的詩句：「昔我往矣，楊柳依依。今我來思，雨雪霏霏。」如此看來楊柳本是同宗同根，她們幾千個姐妹有著千絲萬縷的情緣，美女如雲也難怪我們眼花繚亂，真假難辨。美麗是一種誘惑，面對美麗我們往往失去了理智，有的時候是心甘情願，有的時候是身不由己。

「一朵花的美麗在於它曾經凋謝過。」順著海德格爾的思路，我們是不是可以這樣說：一棵樹的美麗在於它曾經被誤會過，一個生命的美麗在於它曾經死亡過……正是因為有凋謝，有誤會，有死亡，所以生命才顯得格外美麗。

　　無論是凋謝走向我們，還是我們走向凋謝，這世界上原本並沒有什麼美醜，只有在你最美麗的時候，世界才會一下子就變得如此美麗。

春天對櫻桃樹
做的那些事兒

櫻桃樹　Cherry Tree

在澳洲生活了幾十年，有一個讓我羨慕的重大發現，就是無論是寵物還是植物，只要是自己家養的，澳洲人都會非常熱情地給它們起一個名字，張三也罷，李四也罷，每個名字後面都有一段小故事，每每提起，他們也都好像如數家珍。

我一直認為栽樹是一件很不容易的事情，且不說樹能否成活，就是挖一個大坑也是很費力氣的事兒。記得上學的時候集體栽樹，不知道是什麼樹，幾個人一起挖坑兒，然後把樹苗種在裏面，沒有人敢在樹上面刻名字，也沒有人想在樹上面刻名字，這麼多年過去了，也不知道那些樹究竟活了沒有，我甚至都完全忘記了栽樹的地點，就是想去看看當年栽的樹，也已經是物是人非，無處可去了。

有時候會傻傻地想，或許該給栽下的樹起個名字，不用什麼高雅華麗，也不用什麼獨出心裁，就叫三月好了，畢竟三月是春天的開始，如果栽的是果樹，就叫櫻桃或者蘋果，有了名字，心中就多了一份具體的思念，相忘也不是一件容易的事兒了。

世間本無事，可是我們卻無論如何留不住時

間，於是就想盡了一切辦法要在這世界上留下一點點記號，美其名曰紀念。寫下《百年孤獨》的馬爾克斯說：「請用一枝玫瑰紀念我。」而且他還信誓旦旦地說：「吃玫瑰花長大的豬，肉味一定香極了。」好像他親自品嚐過似的。

　　而在地球的另一端，總是很抱歉的太宰治卻厭倦了這個生機勃勃的世界和吃玫瑰花的豬，前後五次奮不顧身地自殺，最後一次總算是大功告成，終於結束了他自認為「盡是可恥之事」的人生，他的最後一篇小說名叫《櫻桃》，於是他的忌日就成了櫻桃忌，人們會在他的墓前獻上櫻桃，因為他在自己的小說裏這樣說「若是用線穿起來挂在脖子上，櫻桃看起來會像珊瑚項鏈一樣。」

　　在那個紅了櫻桃，綠了芭蕉的日子裏，我們來到了果園裏的櫻桃樹下準備摘櫻桃，都說櫻桃好吃樹難栽，我不管栽樹的事兒，所以就只剩下了好吃，在動手之前，突然想到了聶魯達的那句詩：「我要在你身上做，春天對櫻桃樹做的事。」不能細想，細想太污，誰知道春天還會動手動腳做這種事情？腦子裏一旦形成了印象，我就猶猶豫豫不知道這櫻桃究竟是該摘還是不該摘了。

在電視裏流行多年的櫻桃小丸子不相信人間失格，她說：「只要活著就一定會遇上好事的。」究竟什麼是好事什麼是壞事，世人自有世人的觀點，世人也自有世人的理解，我倒覺得這句話不如改成：只要活著就是好事，管他什麼世人不世人的。所謂的世人，不就是你嗎？

讓它永遠捧著一束玫瑰

杜鵑花　Azalea

都說杜鵑啼血猿哀鳴，讓我始終覺得杜鵑花是一種憂傷的花，盡管是開在了充滿生機的春天，唐朝詩人成彥雄詩中也說：「杜鵑花與鳥，怨艷兩何賒，疑是口中血，滴成枝上花。」

悉尼的杜鵑花多半都是矮矮的籬笆牆，大概是覺得有些大材小用，或者是與春風失戀了，所以每逢春天就把憂傷開得渾身上下到處都是，滿眼姹紫嫣紅，就像《圍城》中描述的失戀，會把傷心血淋淋地公開展覽，我覺得憂傷和失戀就像同病相憐。

杜鵑花每年春天都盛開在我家和鄰居家之間，鄰居住著兩位退休教師，花園裏百花爭艷，萬紫千紅。相比之下，我家的花園好像白紙一張，正等待著畫出最美麗的圖畫。於是，不甘心的我從他們家的園子裏移來了君子蘭、薰衣草、三角梅、玫瑰和其他不知道名字的花花草草，雖然花園仍然沒有什麼章法，總算能體會等待一朵花開的心情了。

鄰居家的男主人得了帕金森綜合症，周六周日的時候，總看到他一個人沿著小路蹣跚前行，鍛煉身體，或者是陪著老伴兒在花園裏乾一些力

所能及的事情。兩年前，老人走了，我們卻一點兒都沒注意到，後來才聽到了風聲兒，從此之後，每次看到院子裏的杜鵑花，不知道是什麼緣故，心裏總會涌起一種淡淡的憂傷。

一個人悄然無息地離開了世界，而世界依然毫不留情地正常運轉，我不知道這究竟是不是一件讓人憂傷的事兒？也許有人說生老病死是自然規律，沒有什麼可憂傷的，可我總是覺得這一切都是緣份，世界這麼大，我們卻偏偏和他們做了鄰居，如果不是緣份，我實在是想不出更好的解釋。走進我生命當中的每一個人都是緣份，無論是至愛親朋，還是萍水相逢。而每一個離去都好像是切掉了一個角的蛋糕，沒有了完美無缺，總讓我耿耿於懷。

我無法形容憂傷究竟長什麼樣子，或者憂傷究竟是一種什麼感覺，因為文字實在太有限了，不過幸好還有杜鵑花，幸好還有春夏秋冬。敘利亞詩人阿多尼斯說：「如果一定要有憂傷，那就告訴你的憂傷：讓它永遠捧著一束玫瑰。」我照辦了，在後院隨手摘下了一朵紅玫瑰，插在了那一片血一般紅的杜鵑花籬笆墻上。

送人玫瑰，手有餘香

玫瑰，Rose

玫瑰這個名字聽起來好像是外來語，其實是地地道道的國產品牌。而且在中文裏，「玫瑰」最早和鮮花並沒有太大的關係。《說文》裏解釋說：「玫，曰之美者；瑰，曰圓好。」，司馬相如的《子虛賦》裏也有「其石則赤玉玫瑰」的說法，「玫瑰」在這裏指的是一種紅色的美玉。

大約到了唐代的時候，一些唐詩借「玫瑰」一詞描寫鮮花瑰麗的色彩，並逐漸演變成為這種鮮花的專用名字。南宋詩人楊萬里曾在《紅玫瑰》裏寫道：「別有國香收不得，詩人熏入水沉中」，這句詩寫出了玫瑰另外一個惹人注目的特點——香，玫瑰香讓詩人就像沉浸在有香氣的水中一樣，所以玫瑰也被叫做「徘徊花」，香氣繚繞不散，讓人流連忘返。於是我們總是說：送人玫瑰，手有餘香。

玫瑰產於中國，後來逐漸流入西方國家，深受人們喜愛，西方人在引進中國玫瑰、月季和薔薇的基礎上，培育出了三萬多個玫瑰品種，可謂是千嬌百媚。我們中國人很早以前就能分辨出同屬薔薇科的玫瑰、月季和薔薇有什麼不同，然而西方人卻把我們細分的玫瑰和月季統統混稱為

Rose，所以今天的我們也就月季和玫瑰不分胡亂都叫玫瑰了，玫瑰花香可嗅，可是散發了過多的香氣就折損了壽命，西方培育的玫瑰主要是為了插在瓶中觀賞，而不是為了嗅其花香，所以現在的玫瑰都是花期較長，而香味卻越來越淡了。

認真地講，現在絕大部分的玫瑰其實都是月季花，離我們唐宋時代的玫瑰越來越遠了。玫瑰適應性很強，對土壤要求不多，而且有的品種耐寒耐旱，在廣闊天地裏茁壯成長。另外還要說的是玫瑰渾身上下都是寶，不僅可以觀賞，可以送人，還可以吃，而且玫瑰果油還是美容佳品，難怪李漁也這樣讚美玫瑰：「可囊可食，可嗅可觀，可插可戴……花之能事，畢於此矣。」

盡管有人可能耿耿於懷，玫瑰就是玫瑰，月季就是月季，混到一起算是怎麼一回事呢？可是我覺得不管是玫瑰還是月季，都帶給人間無限的美麗和柔情，混在一起也不傷大雅，如果你實在叫真兒的話，那就記住玫瑰是有刺的。

野牡丹也有春天

蒂牡花 Tibouchina

喜歡大街小巷隨處可見的這種紫色花，一走一過，彷彿步入了「風露盈盈紫花笑」的詩情畫意，更讓人心花怒放的是，這是我第一次發現英文的花名中藏著一個「中國」，望文生義，腦子裏馬上就開始了胡思亂想，為啥有個「中國」在名字裏呢？這種花是不是同中國有著千絲萬縷的牽掛，或許她的身世裏有中國元素，或許她的原產地在中國。

然而這一切都是我的一廂情願，蒂牡花產於南美，尤其盛產於巴西，家族中一共有三百多個品種，後來逐漸被引進到世界各地種植，蒂牡花樹在澳洲也非常流行，人們喜愛這種紫色的花，而且蒂牡花的花期長，有的人家在庭院裏就用這種花樹做籬笆牆，在各地的公園裏也廣泛種植，蒂牡花樹顏值高，喜溫暖日照，對土壤要求不高，容易成活，堪稱流行樹種……然而在夏威夷，蒂牡花樹卻成了臭名昭著的入侵物種，危害當地的農作物，被列為害群之馬，一律斬草除根。

除此之外，蒂牡花還有一個不雅的別號：巴西野牡丹。牡丹本來富貴艷麗，招人稀罕，加上這個「野」字，馬上給人一種不守規矩瘋瘋癲癲

的感覺，常說的野花野草野菜，都難登大雅之堂，因為它們生長的環境裏沒有太多的約束，沒有人們的期待和修剪，隨心所欲地生長，任憑大浪淘沙物競天擇。

這種自由一般會有兩種結果，一種是長歪了，成了真正意義的野草，一無是處；另外一種是按照自己的天性成長，不在意別人的眼光和期待，無拘無束長成了奇葩一枚，野性十足，風情萬種……在人們關注下中規中矩地生長的花們，風平浪靜，而且還能得到人們的賞識。而那些野生野長的花們，前途未蔔，或許能成就大業，或許一失足成千古恨。

花和樹都無法選擇自己的命運，甚至有時候人也無法選擇自己的命運，面對人生，如果有選擇的機會，你是想成為牡丹還是想成為野牡丹呢？

豆蔻梢頭二月初

肉豆蔻樹 Queensland Nutmeg

風流倜儻，胸有丘壑，雖然雙鬢飛雪，依然擋不住眼中的柔情似水，酒樓之下，飛身上馬，回眸凝望，一如既往滿目滾滾紅塵。此人正是大名鼎鼎「十年一覺揚州夢，贏得青樓薄倖名」的唐代詩人杜牧。

　　杜牧正要策馬揚鞭上路，耳畔突然傳來了賣酒女清脆悅耳的叫賣聲，聲音是那麼熟悉，那麼動聽，可是這裏是洛陽而不是揚州，難道天下居然有這樣的巧合？他順著聲音望去，雖然粗衣麻布，但風韻猶存，眼前的賣酒之人正是杜牧日思夜想的揚州名歌女張好好。

　　此情此景讓詩人肝腸寸斷，撕心裂肺，想當年，一個絕色天香，一個滿腹詩書，互相愛慕，相敬如賓，無奈天不作美，棒打鴛鴦，張好好奉師命嫁人，杜牧遠走他鄉……辭別之際，杜牧給好好留下過這樣的詩句：「娉娉嫋嫋十三餘，豆蔻梢頭二月初。春風十裏揚州路，卷上珠簾總不如。」如今四目相視，淚眼婆娑，無奈歲月無情，命運多舛，昨日豆蔻今安呢？

　　古往今來，形形色色的悲歡離合從未停止過登台亮相，此起彼伏。不過從此之後，我們漢語

中就有了「豆蔻年華」這樣一個美妙絕倫的詞，豆蔻又叫含胎花，古代用來形容年齡十三四歲的少女，如今泛指青春年少。

豆蔻分為好幾種，有草豆蔻、白豆蔻、紅豆蔻和肉豆蔻，主要分布在東南亞各國和熱帶地區，澳洲昆士蘭的這種豆蔻屬於肉豆蔻，花開嬌艷，身高三米左右，人們常常把豆蔻和肉豆蔻混淆，其實果實裏面的核才叫豆蔻，外面的肉叫肉豆蔻，豆蔻和肉豆蔻都能做成香料，可以直接食用也可以做調料，豆蔻香料在歷史上曾經身價不凡，但是現在已經是一種很普通的調料了。

豆蔻花美味香，我卻更羨慕豆蔻年華，可惜的是豆蔻年華太短暫，太匆匆，還沒來得及細細品味，就轉瞬即逝，留下了酸甜苦辣的種種回憶。美妙的豆蔻年華，如人如樹，讓人遐想翩翩，讓人流連忘返。

濃須大面好英雄
壯氣高冠何落落

木棉樹　Silk Cotton Tree

陽春三月，枯藤老樹在陽光下伸了伸懶腰，突然發現自己的枯枝上長了幾顆紅紅的青春痘，久經考驗的他知道接下來會發生什麼，於是讓春風恣意地在他的樹杈間流淌，過不了幾天，陽光下的枯枝上就綻放出一朵兒一朵兒紅色的五瓣花，花色嬌艷，枯枝遒勁，放眼望去，星星點點一片燦紅如火。

　　遙想當年，面對眼前紅花鬧春的此情此景，南宋詩人楊萬里揮毫寫下了這樣的詩句：「姚黃魏紫向誰賒，鬱李櫻桃也沒些。卻是南中春色別，滿城都是木棉花。」沒錯兒，這種枯木逢春就開花的樹就是木棉樹，英文中把這種樹叫做絲棉樹。

　　不管怎麼說，這種樹好像都與棉花有關，仔細研究後發現木棉樹確實名副其實，木棉花開結果之後，果實裏面有黑黑的花籽和白白的棉絮，過去中國華南地區不產棉花，所以人們就用木棉絮代替棉花或者跟棉花混在一起做棉襖和棉被，或者兩者混在一起織成吉布。

　　木棉樹原產於印度，後來才傳入中國和東南亞熱帶地區，樹高 20 餘米，在澳洲主要分布

在北領地和昆士蘭的北部，如今人們已經用不著收集木棉絮了，但是木棉花籽可以食用也可以榨油，樹皮還可以入藥，木棉樹仍然是深受人們喜愛的樹種。

說起木棉樹，腦海中的第一印象居然是《木棉袈裟》，多年前看過的電影早已忘記了情節，只記得為了木棉袈裟各路英雄豪杰大顯身手，血濺木棉花……木棉兩個字從此深深留在了心裏，本以為袈裟就是木棉織成的，其實傳說中的木棉袈裟是用木棉花做成，只有真正領會佛教真諦的高僧才配擁有，你我凡人根本無緣相見。

木棉樹身材高大，而且樹幹上密生瘤刺，站在叢林之中好像身披鎧甲的大將軍，給人英雄出手不凡的感覺，最早稱木棉為英雄的是清人陳恭尹，他在《木棉花歌》中形容木棉花「濃須大面好英雄，壯氣高冠何落落」。所以後人也稱木棉樹為英雄樹，但是木棉花的樹幹雖然粗大，木質卻太軟，只落得個英雄無用武之地。

不過我倒覺得即便如此，戰霜鬥雪，枯木開花的木棉樹也無愧於英雄樹的稱號，誰規定英雄不能有柔腸百轉？誰又規定英雄不能淚沾長衫

呢？高大堅強不一定就是英雄，矮小柔弱也不一定就是懦夫，人不可貌相，海水不可斗量。人如此，樹也如此。

拐過街角的第四棵樹

瓶刷子樹 Bottlebrush Tree

下了汽車，沿著小路走上二百米，然後向左轉，接下來五十米後向右轉，就來到了我們住的這條小街上，一棵、兩棵、三棵、四棵……心裏默默地數過，因為我知道街上的第四棵樹就是一棵瓶刷子樹，說起來瓶刷子樹應該是澳洲最常見的一種樹了，幾乎可以說是隨處可見。幾年下來隨隨便便就見過開滿紅花、黃花、白花的瓶刷子樹，據說瓶刷子樹的家族一共有三十多個品種，肯定還有我沒見過的花色和品種，不過不管怎樣，我依然牢牢地記著拐過街角的第四棵樹就是會開紅花的那棵瓶刷子樹。

　　春天的時候，我最喜歡看瓶刷子樹開花，開花前先是在枝頭長出一個像玉米穗的莖，上面長著一個一個綠色的小鼓包，裏麵包著千絲萬縷的紅、黃、白或者其他的顏色，過不了幾天，那些千絲萬縷就蓬勃而出，成了一個毛茸茸的小刷子，再過幾天，毛越長越長，密密麻麻地變成了名副其實的瓶刷子，難怪瓶刷子花的俗名還叫千層紅，形象而生動，瓶刷子花很快就挂滿了枝頭樹梢，這時候蜜蜂們就開始成群結隊地在瓶刷子花上採蜜，它們飛來飛去，忙得不亦樂乎，只是沒

吃過瓶刷子花蜜，也不知道蜜蜂們忙來忙去究竟有沒有什麼成果。

卡波特在《蒂凡尼的早餐》裏說：「無論你去哪裏，你總是會遇見你自己。」遇見自己有時候也是一件十分有趣的事兒，你可能會遇見童年的自己，老年的自己，想象中的自己，真實的自己，過去的自己，未來的自己……如此這般自己也變得越來越真假難辨了，不過 E·B·懷特早就說過：「真的生活也不過是生活的一種罷了——想象裏的生活也算是一種生活。」所以我們不妨大膽地去遇見各種各樣的自己。

瓶刷子花無論怎麼看上去像是瓶刷子，它終究成不了瓶刷子，就像我們看上去無論怎麼像別人，也無論如何終究成為不了別人，走相同的道路，讀一樣的書，吃一樣的飯菜，我們還是我們，別人還是別人。歐·亨利說得好：「我們最後變成什麼樣，並不取決於我們選擇了那條道路，而是取決於我們的內心。」看來瓶刷子花想變成瓶刷子，就看它內心深處怎麼想了。

吹不響的天使喇叭

曼陀羅樹 Angel's Trumpet

常常不顧大街上的車水馬龍，一個人沿著人行道一直往前走，就是想去看看路邊那滿樹盛開著的曼陀羅花，像一個一個害羞的少女，低著頭靜靜地挂滿了樹枝。

　　初次見到樹上的曼陀羅花，還以為是倒挂的喇叭花，只不過花朵大得驚艷動人。有一次在新南威爾士州立藝術館外面的小花園裏，一把長椅後面種著幾棵曼陀羅樹，樹上開滿了金黃色的曼陀羅花，花下一位戴著眼鏡的年輕人坐在長椅上讀書，一切顯得那麼寧靜，一切顯得那麼祥和美好，長椅彷彿變成了佛台，當時的感覺，曼陀羅就是一種有佛性的花。

　　認識了曼陀羅花，就開始發現很多人家的庭院裏有這種花樹，一年四季只有冬天不開花。這種大花曼陀羅（學名：Brugmansia suaveolens）是茄科木曼陀羅屬下的一個種，為半落葉灌木，原產巴西東南岸，別名大花曼陀羅、木本蔓陀羅、白花曼陀羅、南洋金花、曼桃花、萬桃花、鳳茄花、風茄兒、山茄兒。英文的名字很有趣，天使的號角（Angel's Trumpet），也就是俗話說的天使的喇叭，我看不到天使，只看

到滿樹挂著不出聲的喇叭。

　　美麗如天使的曼陀羅花，好看卻有毒，熟讀中國武打小說的人一定會記得書中常常提到的蒙汗藥，就是用曼陀羅花制成的。宋朝《扁鵲心書》中說：「人難忍艾火炙痛，服此（曼陀羅花等）即昏不知痛，亦不傷人。」明朝李時珍《本草綱目》中記述：「八月採此花，七月採火麻子花，陰乾，等分為末，熱酒調服三錢，少頃昏昏如醉。割瘡炙火，宜先服此，則不覺其苦也。」都強調了它的麻醉作用。三國時期華佗所制的「麻沸散」中也含有曼陀羅花。

　　曼陀羅花有不同的顏色，最常見的是白色，黃色，金黃色和淡紅色。不同顏色曼陀羅花有著不同的含義，我最喜歡的白色曼陀羅代表著寧靜安詳、吉祥如意。在佛教之中，白色曼陀羅花也被稱為曼荼羅，它是佛教中的吉祥花，相傳佛祖傳法時，手拈曼荼羅花，下起漫天曼荼羅花雨，它無蕊的白色花瓣象徵著空心，無心和安心，迎合了佛法中的清心寡欲，萬相皆空的理論。據說還有黑色、紫色和藍色的曼陀羅花，但是並不常見。

曼陀羅花是自由的，該開什麼顏色的花，就開什麼顏色的花，即便是不開花，葉子也是美麗的。站在樹下，仰望著這些美麗的天使喇叭，不由想起張哲瀚在他的《曼陀羅》這首歌裏唱的:「我就是一朵曼陀羅，我是我，我是我。」

一廂情願
夫唱婦隨的故事

桃金娘葉遠志 Sweet Pea Shrub

喜歡陽光下春天裏的嫩綠色，Fresh leaves 果然是綠色係中的一種。沿著小街沒走幾步，樹蔭下一隻澳洲叢塚雉（Australian Brush-turkey）慢悠悠地走了出來。不知是誰家的虎皮貓，神閑氣定地坐在路邊，慢悠悠地過來嗅了一下我的鞋子，然後懶洋洋地躺在街上開始曬太陽。

街邊幾株不高的小樹上開滿了紫色的小花兒，那是一副清新的模樣。葉片長得很密很綠，很整齊，都向上豎起。它的花非常奇特，說不清楚它的樣子像什麼——像一隻展翅飛翔的鳥？像蝴蝶？像孔雀開屏？像一隻在水裏撲騰撲騰的鴨子？都像，又都不像。更可笑的是，這種樹叫桃金娘葉遠志（英文：Sweet Pea Shrub, Myrtle Leaf Milkwort, Bellarine Pea，學名：Polygala myrtifolia）。這種樹的別名還有燕雀花、苦遠志、醉心杖、擠奶女神角（台灣）。桃金娘葉遠志屬於遠志科常綠灌木或小喬木，原產南非開普敦。

桃金娘葉遠志可長成四米多高的小樹，多分枝，一般高度在 0.6 至 1.8 米，莖直立生長，枝、

莖、葉密布。橢圓形的葉子通常 20 至 50 毫米長、13 毫米寬，葉子亮綠色、深綠色或略帶灰色。嫩芽是綠色扁平的，有橢圓形或半月形，並有暗色葉脈。總狀花序頂生，通常為淡紫色或紫色，但也可能是粉紅色或朱紅色。

如果不說這是樹的名字，我還以為這是一對夫妻的名字——女方叫桃金娘，男方叫葉遠志。或許可以把他們寫進故事裏：桃金娘和葉遠志，他們萍水相逢，可以是相親相愛，也可以是冤家路窄。既可以恩恩愛愛過日子，也可以打打殺殺闖江湖。在我的故事裏，他們應該是一對恩愛的夫妻，夫唱婦隨，一起在陌生的城市裏打拼，一起養育孩子，一起迎接生活的風風雨雨，一起開出美麗的花兒。花兒有不同的顏色，每個人心中都有一個不同的桃金娘葉遠志。

然而我又一廂情願了。其實這種樹的名字叫遠志，它的樹葉長得特別像桃金娘的葉子，彷彿一位身強力壯的小夥子，卻留著長髮公主般的秀髮，所以人們稱它為「像桃金娘葉的遠志」。後來丟了「像」和「的」，簡化成了桃金娘葉遠志。

腦子裏胡思亂想，繼續演繹著桃金娘葉遠志

的故事，覺得可能這輩子也忘不了這種樹的名字了。顧城在他的詩裏寫道：「草在結它的種子／樹在搖它的葉子／我們站著，不說話／就十分美好。」而我，則是走著看著，不說話，也十分美好。

傾城之戀白流蘇

流蘇樹 Chinese Fringe Tree

出門不過百步，小街旁便是這棵姿態綽約的流蘇樹。平日裏，一身普通繁茂的綠葉靜默地生長在街旁，不顯眼卻自有一番獨特的韻味。等到春末初夏，枝頭便會綴滿潔白的流蘇絲式的小花，給人帶來一種清新的美感。張愛玲在小說《傾城之戀》裏為女主角取名「白流蘇」，讓人不禁遐想，這個名字是否與這種白花滿樹、清麗脫俗的樹木有關。

流蘇樹又稱「流疏樹」、「茶葉樹」或「四月雪」，屬於木樨科流蘇樹屬，主要分布於中國大陸、台灣、韓國和日本等東亞地區。家門前的小街上的這棵流蘇樹，到了花期，彷彿給整條街道都染上了一層溫婉潔白的色彩。

「流蘇」原是指用彩絲或羽毛制成的穗狀裝飾物，常出現在傳統服飾的裙擺、袖口、領口、肩章或披肩上，用於增添服裝的裝飾性和優雅感。流蘇樹得名於這種裝飾，因為它開花時，枝頭繁密的白花如流蘇般垂挂，一簇簇、密密匝匝，彷彿流動的絲穗，隨風而舞，動靜之間皆顯得優雅。也許正是因為這個獨特的意象，流蘇樹被賦予了一種優雅的姿態，成為很多人心目中的偶像。據

說，中國最美的流蘇樹當屬連雲港孔望山龍洞庵中的那棵，它是宋代栽種的古樹，距今已有 800 多年歷史。盡管我未曾親眼見過它，但依然對其心嚮往之。古老的流蘇樹在風霜雨雪中依舊生長繁茂，默默見證著時代的變遷。這份寧靜而頑強的生命力讓人敬佩，也讓人對這棵流蘇樹產生一種神往之情。

每當我路過家門前小街旁的這棵流蘇樹時，雖然沒有聞到明顯的香氣，但總能感受到一種沁人心脾的清新。陽光穿透花瓣灑下，光影交錯間，潔白的花朵顯得格外迷人。偶爾我會放慢腳步，停下來看著這樹上的點點白花，內心頓時感到平和與寧靜。流蘇樹的花期雖短，但正是因為這種短暫的美好，才更讓人覺得珍貴。那朵朵小花隨著風輕輕搖曳，好像在述說著一段溫柔的故事，讓人不由得陶醉在這片白色的花海中。

流蘇樹在春天盛開時，吸引了許多路人駐足觀賞。流蘇樹的美有一種獨特的力量，它不喧囂、不張揚，卻讓人記住它的清麗與靜謐。有人將它比作四月的白雪，有人認為它象徵著生命的純潔，而我則覺得流蘇樹的美在於它給人帶來平

和、舒緩的心境。在生活中，偶然的駐足，靜靜感受流蘇樹的美好，彷彿是忙碌日常中的一次小小的逃離，讓人暫時忘記了生活的喧囂。

酒不醉人人自醉

大葉醉魚草樹 Butterfly Bush

在春意融融、陽光燦爛的日子裏，我喜歡走到街角的小花園去賞花，沐浴在陽光中，讓微風輕輕拂過臉頰。這樣的日子裏，空氣裏似乎也帶著花香，彷彿連呼吸間都滲透著春天的芬芳。園裏的杜鵑花正開得燦爛，鮮艷的紅和粉，層層疊疊地鋪滿了枝頭，彷彿每一片花瓣都在炫耀自己的色彩。而玉蘭花則已經走過了花開花落的幾個回合，像是經歷了繁華後的淡然，它們的花瓣依舊優雅，但在風中慢慢飄落，增添了一絲感傷的美感。

幾天沒來，再度踏入花園，卻發現園中的大葉醉魚草已悄悄綻放了。這株黃白相間的大葉醉魚草，學名叫 Buddleja davidii，又被人稱為「蝴蝶木」或「夏日丁香」，盛開時總是引來無數蝴蝶飛舞，看似靜默不語，實則熱鬧非凡。醉魚草原產於中國的四川、湖北及日本等地，其名字中的「Davidii」源自於法國傳教士阿芒‧大衛（Armand David）。這位神父在十九世紀時來到中國傳教，途中偶然發現了這種植物，並成為記錄它的第一人，也讓它的學名得以流傳至今。

醉魚草這個名字充滿奇趣，據說，過去漁民

會採用這種植物的花與葉來麻醉河中的魚，故而得名，這樣的名字既生動又帶有傳統的智慧。但這高大茂盛的植株，明明像樹一般挺拔，卻偏偏被叫作「草」，有時我不禁覺得「夏日丁香」或「蝴蝶木」更為合適。畢竟，當風吹起，它的花穗隨風搖曳，讓人聯想到丁香的優雅與蝴蝶的輕盈。翻看資料時還發現，新西蘭有一種植物的名字竟然叫「bush lawyer」，意思是「叢林律師」，讓人忍俊不禁——原來植物的名字中也會暗藏著人生百態，甚至有「律師」這樣的角色，似乎在隱喻自然界裏也有些無法預測的糾葛呢。

在金色的陽光下，一隻花蝴蝶輕輕停落在沒有花草點綴的墙上，雙翅微展，像是在曬太陽。墙上沒有鮮花，但這只蝴蝶似乎不在意，靜靜地停留著，彷彿是詩中那句「應是鄰家更零落，過墙蝴蝶又飛來」的寫照。眼見這畫面，我忍不住拿出手機，輕輕走到蝴蝶旁邊，拍下這難得的瞬間，並留下了一個與蝶共舞的背影。

或許在我們眼中，蝴蝶只是翩翩飛舞的過客，但它的停留卻讓這一刻充滿了詩意。人與蝴蝶的相遇雖然短暫，卻帶來一種溫暖的感覺。我

正在翻看加拿大諾貝爾文學獎得主門羅的短篇小說集《親愛的生活》，其中的故事讓我忍不住感慨，或許我們每個人在人生的某個瞬間，都是在不經意間做出了影響深遠的選擇，而那些選擇讓我們或漸行漸遠，或漸行漸近。曾經的人、曾經的事，就像那飄落的玉蘭花，回不到舊時的模樣了。人生的無數時刻，像極了春天的花開花落，而那些選擇的結果，或許早已注定。

　　《親愛的生活》中有這樣的一句話：「無論發生什麼都欣然接受，一切都是禮物，我們給予，我們接受。」生活中難免會有波折、起伏，甚至是告別，這些似乎是成長的必然過程。春天裏的每一朵花，無論是怒放的杜鵑，凋零的玉蘭，還是新開的醉魚草，都是上蒼賜予的美好。在這樣的日子裏，我走在花園中，懷抱著一顆欣然接受的心，與花草、蝴蝶共舞，也與過去的回憶輕輕碰觸，像是在與舊時的自己說著悄悄話。

最憾海棠無香

海棠樹 Chinese Crab Tree

春風得意地染綠了枯枝，八月也悄然走到了最後一天。時光在不經意間溜走，我在花園裏漫步，發現一株多花海棠樹（Malus floribunda）正開得熱火朝天，枝頭繁花似錦，宛如一幅生動的畫卷。站在樹下，輕輕嗅了嗅，果然如張愛玲所說：「人生憾事，海棠無香。」這句話讓我不禁陷入沉思，海棠的美麗似乎掩蓋了它的遺憾，正如生活中的許多事情，表面光鮮亮麗，卻暗藏著無盡的無奈。

　　海棠樹有著悠久的歷史，早在明朝的《群芳譜》中就有記載。書中提到海棠有四品，皆為木本植物，習慣上稱之為「海棠四品」，分別是西府海棠、垂絲海棠、貼梗海棠和木瓜海棠。而我卻只知道大魚海棠。西府海棠的花色鮮艷，花瓣如桃花般嬌嫩，吸引了眾多愛花之人的目光；垂絲海棠則以其優雅的姿態著稱，花枝下垂，宛如少女的秀髮；貼梗海棠的花朵如小燈籠般點綴於枝頭，別具一番風味；而木瓜海棠則因其果實而受到喜愛，果實雖小，卻味道甘甜。

　　海棠樹主要分布於中國、朝鮮和日本等地，尤其在中國的北方和西北地區生長良好。它們適

應性強，喜歡溫暖濕潤的氣候，通常在海拔較低的地方生長。海棠樹為落葉小喬木或灌木，樹高可達四到八米，花朵呈白色或粉紅色，果實呈小蘋果狀，成熟時為紅色或黃色。盡管海棠花沒有香氣，但它的花色絢麗，極具觀賞價值。

我喜歡在這個季節的黃昏時分，靜靜坐在海棠樹下，享受微風拂面的愜意。海棠的無香或許讓人感到遺憾，但我認為正是這種特質使得海棠顯得更加珍貴。它不需要香氣來吸引注意，反而以其獨特的姿態和艷麗的色彩俘獲了無數人的心。每當我看到海棠花開，都會想起那些曾經美好的時光，彷彿在向我訴說著一個個動人的故事。正如杜甫在他的詩中所說：「自昔海棠花，陌上種芳菲。年年花開時，我為子留情。」

隨著夕陽漸漸西沉，心中涌起一種莫名的感動，海棠樹在微風中輕輕搖曳，似乎在回應我的思緒。生活如同這株海棠樹，雖然有些遺憾，卻依然生機盎然，絢麗多姿，無論未來怎樣，我都會珍惜眼前的一切，感受生活的每一個瞬間。

落英繽紛的相遇

山櫻花樹 Bellflower Cherry Tree

在春光明媚的小街上漫步，陽光透過枝葉灑下斑駁的光影，微風中夾雜著一絲寒意，卻絲毫阻擋不了山櫻花（Prunus campanulata）的綻放。花開時節，千樹萬樹的櫻花競相開放，彷彿在爭妍鬥艷，令人陶醉。山櫻花又被稱為鐘花櫻、緋寒櫻或緋櫻，是春天裏最早盛開的櫻花之一。陽光照耀下，花朵如雲霞般燦爛，讓人忍不住駐足多看幾眼。

山櫻花的魅力在於其獨特的花型和絢麗的顏色。花瓣呈鐘形，初綻時為淡粉色，隨著時間的推移逐漸變為深粉色，最後則變為白色，猶如春天的色彩漸變，給人帶來視覺上的享受。在澳洲，它的花期通常在每年的八月至九月，正值春暖花開的時節，常常吸引大量遊人前來觀賞。此花主要分布於中國、台灣、日本等地，尤其是在溫暖濕潤的地區生長良好，適應性強，喜歡陽光充足的環境。

山櫻花是一種落葉小喬木或灌木，樹高可達六至八米，生長旺盛。其樹皮光滑，呈灰褐色，葉片呈橢圓形，邊緣有鋸齒，綠意盎然，與花朵相映成趣。山櫻花不僅具有觀賞價值，其樹木也

是重要的生態資源，常用作行道樹和園林景觀樹。

　　走在街上，耳邊彷彿傳來了春天的低語，風中輕輕搖曳的山櫻花彷彿在訴說著春的故事。它們在陽光下閃耀，彷彿一顆顆璀璨的寶石，點綴著春天的畫卷。山櫻花不僅代表著春天的到來，也象徵著希望與美好。它的花語是「心中的秘密」和「溫柔的思念」，讓人在這美麗的花海中不禁思緒萬千，回憶起過往的點滴。

　　隨著春天的深入，山櫻花的花期即將結束，但它留給我們的美好回憶卻將永遠珍藏。每一朵花、每一片落瓣，都在提醒著我們珍惜當下，享受生活的每一刻。漫步在櫻花樹下，感受春的氣息，心中充滿了對生活的感激。正如春天帶來的溫暖一樣，山櫻花也在用它的美麗傳遞著生命的希望與活力。無論花開花落，它都以獨特的方式，記錄著時間的流逝和生命的輪回。

昨天、今天和明天

鴛鴦茉莉 Yesterday, Today and Tomorrow

果然如裏爾克的詩中所言：「如果春天要來，大地會使它一點一點地完成。」在這靜悄悄的花園裏，只有那些開花的樹木在爭奇鬥艷，展現出生命的活力與美麗。

　　時光流逝，花園裏的海棠和流蘇花早已謝去，留下的卻是角落裏這棵開得熱鬧非凡的大鴛鴦茉莉（Brunfelsia latifolia），俗稱「Yesterday, Today and Tomorrow」。這是一種熱帶常綠灌木，通常生長到 1.5 到 2.5 米高，葉子呈橢圓形，深綠色，富有光澤。鴛鴦茉莉的獨特魅力在其花朵顏色的變化：初開時深紫色，隨後逐漸變為丁香色，最終綻放成潔白的花朵。樹上一簇簇的花開，彷彿在演繹著昨天、今天和明天的故事，宛如植物界的普魯斯特，追憶著那些似水流年。

　　我站在這棵大鴛鴦茉莉樹下，輕輕嗅了嗅花香，思緒不由得回到了往昔的歲月。昨日的回憶，今天的煩惱，以及對明天的夢想，如同這花朵的變幻，讓人心生感慨。裏爾克善解人意，他曾說：「沒有人能給你出主意，沒有人能夠幫助你，只有一個唯一的方法：請你走向內心。」我想，這正

是生活的真諦。在紛繁複雜的外界中，唯有深入內心，才能找到真正的自我。

　　大鴛鴦茉莉原產於南美洲，尤其在巴西、阿根廷等地生長良好。在適宜的環境中，它們通常在溫暖濕潤的氣候下茁壯成長，喜陽光和排水良好的土壤。這種植物因其花色變化而備受園藝愛好者的青睞，常用於庭院美化，增添色彩與生機。大鴛鴦茉莉的花期通常從春季開始，持續到夏季，花朵不僅美麗，還吸引了眾多蜜蜂和蝴蝶，為花園帶來了生機與活力。

　　大鴛鴦茉莉的花朵，如同時間的流轉，提醒著我們珍惜當下的每一刻。它的花香沁人心脾，溫暖而柔和，彷彿在傾訴著大自然的秘密。每當微風拂過，花瓣輕輕搖曳，似乎在和我分享那些關於生命、愛與夢想的故事。

　　這棵樹的存在，不僅為花園增添了色彩，也為我帶來了無盡的思考。在它的庇佑下，我能感受到一種寧靜，彷彿置身於另一個時空，逃離了現實的喧囂。無論是歡笑還是淚水，都是生命的組成部分，而正是這些經歷，讓我們更為真實地感知生活。

我想起了許多往事，曾經的朋友，曾經的夢想，以及那些在時間中沉澱的情感。那些記憶，如同大鴛鴦茉莉的花瓣，在我的心中綻放，雖然有些已然凋零，卻依然鮮活。每一次回憶，都是一次心靈的洗禮，讓我更加懂得珍惜身邊的人和事。

　　在這座花園中，春天的氣息無處不在。那些飛舞的蜜蜂、翩翩起舞的蝴蝶，都是生命在春日裏的歡愉。它們在花間穿梭，傳遞著生命的力量與希望。無論是忙碌的工作，還是生活的瑣碎，都在這一刻顯得不再重要。只需靜心感受這一切，便能體會到生命的美好。

　　我站在樹下，眼前的花海如夢似幻。每一朵花都在訴說著自己的故事，而我也在這片花海中，找到了與自己對話的機會。在這個寧靜的時刻，我願意將煩惱拋在腦後，沉浸在大自然的懷抱中。

　　生活的節奏有時讓人感到壓迫，但在這棵大鴛鴦茉莉的陪伴下，我似乎找到了片刻的安寧。花香瀰漫，時光靜好，讓我不禁感慨：人生如花，雖有凋零，卻依然絢爛。無論過去、現在還是未

來，每一個瞬間都是獨特的存在，而我願意在這片花海中，繼續書寫自己的故事。

帶著香味兒的微笑

含笑樹 Banana Shrub

古人雲：「春風又綠江南岸」，果然，無論是東南風還是西北風，彷彿在一夜之間，大街小巷都開始了新綠換舊綠，煥發出勃勃生機。春天的氣息悄然襲來，帶著溫暖和希望，讓人不禁心生嚮往。

走進後院，映入眼簾的是一株盛開的含笑花（拉丁名: Michelia figo）。它的芳香撲鼻而來，空氣中瀰漫著一陣淡淡的果香，彷彿是蘋果的氣息。盡管在英語中，這種樹被稱為「banana bush」，但我始終覺得它散發的是蘋果的味道，清新而甜美，讓人感到無比舒適。含笑花的香氣，不僅讓人心情愉悅，更是給這個春天增添了幾分生機與活力。

含笑樹是一種常綠小喬木或灌木，通常高可達三到八米。其葉片橢圓形，深綠色，花朵呈白色或淡黃色，花期通常在春季。該植物原產於中國，主要分布在雲南、貴州等地，適應性強，喜歡溫暖濕潤的氣候。含笑花雖沒有華麗的外表，但它的香氣足以征服每一個路過的行人。

隨著含笑花的綻放，玫瑰鸚鵡也不約而至，彷彿被這芬芳的氣息吸引而來。在街邊的花園

裏，紫藤花和紫荊花也開始爭相吐艷，紫色的花瓣在陽光下閃爍著動人的光澤。紫藤花如一串串紫色的珠子，垂挂在枝頭，輕輕搖曳，彷彿在訴說著春天的故事；而紫荊花則以其嬌嫩的花瓣和濃郁的色彩，吸引著無數路過的人駐足欣賞。

我每天都出來走走，享受這份與自然親密接觸的時光。每一次的散步，都會帶來新的驚喜。在這個萬物復蘇的季節，周圍的一切都在不斷變化，生命的輪回讓人感受到無盡的生機與活力。正如蔣勛在《多情應笑我》中所寫：「凡美的／都消逝如淚／凡耽溺美的／都成罪愆／而我宿世的罪／便是嗜美至深／此生——／也不能改了」。

我深知，感嘆美的流逝是多麼的無奈，但無論如何，也不能改變對美的追求和熱愛。春天的美麗如夢幻般短暫，然而，這種美麗的瞬間卻是如此珍貴，令人陶醉。多情也應笑我，我也不能改了。每當我在這花海中徘徊，心中便充滿了對生活的熱愛與嚮往。

春天不僅是萬物復蘇的季節，也是心靈得到洗禮的時刻。生活在這樣的環境中，感受到自然的氣息，彷彿一切煩惱都被抛在了腦後。我沉

浸在花香四溢的空氣中，靜靜享受這份寧靜與美好。每一朵花都是春天的使者，每一片綠葉都是生命的證明。走在這樣的環境裏，我感受到了一種難以言喻的滿足。

　　或許，生活本就是這樣，在平凡中尋找美好，在日常中感悟深情。在這個春暖花開的時節，我願意沉醉於花的海洋，享受與自然的每一次親密接觸。無論時間如何流逝，我都會將這些美好銘刻在心，伴隨我走過四季輪回。生活因美而精彩，因美而動人，而我也將在這美麗的春天中，繼續追尋屬於我的幸福與快樂。

春天的花樹　　紙本水彩　　10x25cm

夏之絢爛篇

看一朵花開，品一杯清茶

讀一本雅書，聽一陣鳥鳴

在某種意義上說，都是一種旅行

都是帶著自己的靈魂

與林林種種活色生香的一場艷遇

一場說走就走的心靈之旅

合歡樹 Rain Tree

初次見面，是在澳洲昆士蘭的凱恩斯，高大而古老的一棵樹，就在我們全家下榻的小旅店旁邊，清晨醒來，來到合歡樹下，抬頭仰望風中搖曳生姿，像扇子一樣的花朵向我頻頻點頭哈腰，彷彿在歡迎我的到來，地上散落著許多從樹上掉下來的合歡花，我順手撿了幾朵，回到房間後，就插在了喝水的杯子裏，乏善可陳的旅店小房間馬上平添了一點點亮色。

　　吃早餐的時候，餐廳桌子上的擺花也是合歡花，有鮮花的陪伴，彷彿粗茶淡飯也有了花香的味道，我相信這麼美麗的花一定是可以吃的，也許在這裏本不應該馬不停蹄地四處走馬觀花，而是應該泡上一杯合歡花茶，躺在合歡樹下懶洋洋地體會木心的那句詩：「生活的最佳狀態是冷冷清清的風風火火。」

　　英文中把這種樹叫做雨樹或者雨珠樹，據說葉子在下雨的時候向內翻轉，像是挂在樹枝上小小的雨珠，因此得名雨珠樹。在馬來語中，人們又給它起了個「五點鐘樹」的名字，說的是合歡樹的葉子到下午五點左右的時候就會自動卷曲起來，只有我們中國人深諳此樹的秉性，給它起了

89

「合歡」和「落馬櫻」這樣充滿詩意的名字。

　　我喜歡旅行，也喜歡說走就走的浪漫情懷，年輕的時候，並不知道自己會在旅途中遇見什麼，總是覺得會有各種各樣的驚喜在世界的某個角落等著我，因此步履匆匆，只不過有的時候，一味的狂奔讓我竟然忘記了旅行的真正意義。

　　看一朵花開，品一杯清茶，讀一本雅書，聽一陣鳥鳴……在某種意義上說，都是一種旅行，都是帶著自己的靈魂與林林種種活色生香的一場艷遇。我們都知道旅行的過程並不美麗，有的時候精疲力盡，有的時候狼狽不堪。然而真正美麗的是：旅行之後，我們終於遇見了自己。

借我借我一雙慧眼吧

黑豆樹 Black Bean Tree

如果大偵探福爾摩斯轉世的話，他一定會這樣對我說：「你是在看，而我是在觀察，這有很明顯的區別。」在大師面前，我只能叩首臣服，無話可說。的確如此，很多時候我只是多看了一眼，卻少了細致入微的觀察，看到了豆莢就忘了看樹葉，看了花開就忘了看結的果子，覺得長得很像，馬上就先入為主，自以為是了。

黑豆樹花在每年 10 月份剛剛開花的時候是橘黃色的，然後又漸漸變成了紅色，長得有點像憤怒的小鳥怒髮衝冠的樣子，樹上結的豆莢是棕色的，裏面的黑豆卻披了一件棕色的外衣，然而不知道為什麼人們卻管這種樹叫黑豆樹，難道除了白色以外，暗一點的顏色都是黑色？我們的想象力是不是也有點太單調了。都說我們永遠無法精確地描述一張臉，這張臉難倒了一大批作家和偵探，我卻覺得世界上的許多事物都難以描述，豈止只有人臉呢？

世間萬物都有真相，一張臉，一棵樹其實都不難以描述，而難的是描述得準確無誤，讓人們透過表面，看到事物的真相，如果世間萬物真是這麼簡單的話，王爾德就不會理直氣壯地說：「真

相很少純粹，也絕不簡單。」現實是世上的假象往往華麗多姿，而真相卻只有一個，有時候十分醜陋，有時候十分血腥，有時候真假難辨。難怪我們中國人也承認畫龍畫虎難畫骨，知人知面不知心。

　　什麼是真相？這世界真正的模樣究竟是什麼樣的？如果赤裸裸就是真相，就是坦誠相見的話，那麼你的目光又將落在何處呢？如果撥開黑豆棕色的皮衣，你看到的是白色的果實，種到土裏又逐漸變成綠色的，那麼你覺得被生活欺騙了嗎？真相有時候就是這麼不可思議，就是這麼措手不及，我甚至想不知道真相也許是最幸福的。

　　真相，人心最隱秘的渴望，撲朔迷離，似是而非，我常想借一雙慧眼，譬如孫悟空的火眼金睛，一眼就看出真相的模樣，無論它變成了什麼樣子，可惜的是我沒有慧眼，真相卻像《X 檔案》裏說的那樣：就在那裏，哪兒也沒去。

綠皮火車上一段甜蜜的回憶

桑椹樹 Mulberry Tree

小時候，幾乎每年都坐慢吞吞的綠皮火車去幾百公里之外的縣城，看望住在那裏的爺爺奶奶，最怕冬天的時候坐火車，不知是什麼原因，一上火車就暈車，只能一動不動地躺著，每次停車又開車的時候，胃裏都翻江倒海般地難受，吐又吐不出來，那滋味無法用語言描述，想想都心疼頭疼，只有同樣暈過車的人才能心領神會。

夏天的時候，我對綠皮火車一點兒反應都沒有，打開車窗，可以看見綠色的田野，清澈見底的小谿，漫山遍野的花朵……依著車窗，我幾乎完完全全變成了另外一個人。最吸引我的是每到一個小站，就會看到有一群小販挎著籃子，站在火車站的站台上販賣新鮮的桑椹和覆盆子，火車一停，他們就蜂擁而上，在車窗外大聲叫賣，籃子裏都是用綠色葉子包好的一小包一小包的果子，這時候，大人們就會給我買上幾包，接下來的旅途就瞬間變成了一段一段甜蜜的回憶。

長大成人以後，卻好多年都沒有見過桑椹樹，也沒有再吃過桑椹，桑椹有黑白之分，白色桑椹的樹葉是用來餵蠶寶寶的，大部分都生長在氣候溫暖的地區，顏色深一點的黑桑椹適合在氣

候比較寒冷的地區生長。

　　年底的時候，去悉尼皇家植物園參加一個志願者活動，才又一次近距離接觸了桑椹，是一位印度人首先發現了植物園中的桑椹樹，歡天喜地地捧回了一把讓我們大家品嚐，我順便帶著兒子也去採摘了一大把，還學會了如何去掉沾在手上的暗紅色的斑斑點點，其實很簡單，就是採摘未成熟的桑椹，將其揉碎，手上的斑斑點點立馬就消失貽盡……我卻不忍心，情願帶著手上的果香回家，把這一切都留給記憶。

　　桑椹讓我想起了小時候的那些事兒，生命只不過是記憶的碎片，用想象串在一起，就是我們的一生。記憶是鮮活的，同時也是模糊的，記憶是私人的，同時也是時代的。回憶中既有興奮，也有痛苦，既有感動，也有悲傷，既有喜悅，也有失望，我們無法精確地描述記憶，一切都是淡淡的，若有若無，在如此這般朦朦朧朧之中，卻總是那麼美好。

你是否知道我的名字叫紅

火焰樹 Flame Tree

每年春末夏初之際，都願意去莫斯曼的公園裏看火焰樹開花，先是在枝頭吐出了一個小小的紅珠，然後慢慢長出來細細的花莖，過了幾天就又分出了枝叉，上面的小紅珠也越來越多，像一顆顆小小的紅櫻桃，最後紅紅的櫻桃一個個綻放變成了朵朵紅花，接下來就義無反顧地渾身上下紅了起來，整個樹沒有一片綠葉，像一團團紅色的火焰漂浮在蔚藍色的天空下，讓人眼前一亮，情緒高昂……我覺得只有這種火焰樹才能像帕慕克那樣對全世界理直氣壯大聲地說：我的名字叫紅。

我喜歡紅色，因為紅是「等閑識得春風面，萬紫千紅總是春」的春天，紅是「淡淡微紅色不深，依依偏得似春心」的海棠花，紅是大紅燈籠高高挂的故園風情，紅是《我的名字叫紅》的帕慕克……在火焰樹面前，我也彷彿經歷了這樣的現實幻覺，分辨不出任何單一的色彩，我的視覺，我的聽覺，我的味覺，我的思想……我所有的一切都變成了紅色。

在中國，紅是吉利的象徵，而在克日什托夫·基耶斯洛夫斯基的鏡頭之下，紅是博愛，是

救贖，紅是人類最後的希望和寄託。不知道火焰樹是怎麼想的，經過千年的歷練把自己長成了一副紅彤彤的模樣，只站在那裏默默地凝視著我們，它想告訴我們什麼嗎？還是只不過自然而然順應天意？

　　我的名字不叫紅，在色彩單調的日子裏，去看一棵渾身上下通紅的火焰樹，在那轉瞬即逝的某個瞬間，紅色也一樣不由分說地溢滿了我和全宇宙。

我是一個任性的孩子

直升機樹 Helicopter Tree

我也像一首詩裏說的那樣，是一個任性的孩子，我想播種幸福，我想在白紙上寫滿樹木，讓所有習慣黑色的眼睛都習慣綠色。

　　生長在澳洲北部的直升機樹開花結果之後，果實下面就長出兩個像螺旋槳一樣的羽翼，成熟之後，他們就像直升機一樣輕輕鬆鬆地飄向大地，如果成千上萬的果子一起降落的話，那場景一定非常壯觀，想象著自己站在樹下，看著翩翩起舞的小小直升機撲向大地，也是一個充滿詩情畫意的場面，當然這一切的前提是你有鼻炎或者對氣味不敏感，因為直升機樹還散發出一種特殊的氣味，也有人把這種樹叫做臭木。

　　對這種樹我任性不起來，好在天無絕人之路，突然想到了英文中的「直升機家長」一詞，最早出現在美國海姆・吉納特的暢銷書《父母和青少年》一書中，書中一位青少年抱怨說：「媽媽就像直升機一樣在我身邊盤旋。」後來人們就用「直升機家長」來形容對子女生活過度關心，過度干預的父母們。

　　不知道自己是不是也是「直升機父母」，但有了孩子以後，深深體會了那句老話：不養兒不知

父母恩！天天都喝各種各樣的育兒雞湯，各種各樣的成功雞湯，什麼放養散養，窮養富養，既要會玩又要有趣，既要有人脈又要有才華，人品教養十八般武藝樣樣精通。

我羨慕這些文章裏的孩子和他們的父母，因為在作者筆下，他們都是成功的典範，是成千上萬人想要成為的人！而我卻還在下雨的時候，擔心兒子會不會被雨淋著，因為上次下大雨被雨淋了發了高燒不能上學；我在吃午飯的時候，還在想兒子能不能吃飽，學校食堂人多，他不願意去買午飯，只是從家裏帶了三明治，回家後，我總是要問他們作業寫沒寫完，明天都有什麼事兒要做？

有時候我在想，其實孩子就同這直升機樹一樣，平平淡淡普普通通，可能還有氣味，他們的存在並不是為了證明什麼，也不是為了什麼成功和前途，更不是為了炫耀和有趣，他們只是向我們展示了一種生存的可能。

別說天長地久有時盡

火輪樹 Firewheel Tree

站在樹下，我彎腰用手輕輕拂去石碑上的落葉，依稀可見 1935 年的字樣，低頭認真仔細看了看，原來這是國際扶輪社的創始人保羅・哈裏斯在 1935 年來悉尼開會時種下的一棵友誼樹。沒看出來，這棵樹已經在風風雨雨中走過了 80 多個春夏秋冬。

　　火輪樹的名字是因為它紅色的花，看上去像一個個小小的風火輪在旋轉，可謂合情合理，名副其實。在這棵樹下來來去去走過多次，看綠葉紅花，看樹皮樹幹，也可以算是這棵火輪樹的一個老朋友了，與樹的友誼很單純，真的可以說是君子之交淡如水，對樹沒有太多的奢求，只期望在烈日炎炎的時候，能給我一片陰涼，或者好好地站在那裏，讓我能拍一張美麗的照片，而樹卻對我沒有任何期望，它只是站在那裏，居高臨下默默地望著我。

　　華盛頓說過：「真正的友情，是一株成長緩慢的植物。」我想這就是為什麼人們常常願意用種植樹木這種方式來見證友誼地久天長，友誼如樹，然而樹畢竟不是人，與樹的友誼很單純，很平淡，樹可以站在一個地方幾十年如一日，風雨

無阻，不離不棄。可是人呢？人心是否可以永遠站在一個地方等你呢？人和人之間的友誼究竟能不能地久天長呢？我可以讀懂一棵樹，卻往往有時讀不懂一顆心。

在我眼裏，樹木花草也是有生命的，只不過是不一樣的生命，只有走進它們的世界，才能感受那種不可理喻的柔情，才能認識到它們生命的力量和境界……正如人心不同，各如其面。每一個生命都是一首由不同音階排列組合而形成的美麗樂章，在哥哥的葬禮上，唐先生的挽聯是：天長地久有時盡，此愛綿綿無絕期。他們之間的這種感情即像是愛情，又像是友情，又像是親情，真所謂像霧像雨又像風。

也許這世界上並沒有什麼能夠地久天長，火輪樹也總有一天會倒掉。友情，在我們短暫的生命裏，哭過也罷，笑過也罷，只不過是永遠都不需要想起，也從來都沒有忘記而已。

你永遠無法走回的過去

英國榆木 English Elm

榆樹可以說是從童年起就伴我一起長大的發小，黑色帶有溝痕的樹幹，綠色的樹葉上有一道道深深淺淺的紋路，背面有一層薄薄的絨毛，春天的時候，樹上就結滿了榆樹錢兒，像是花又像是果，一片片嫩綠簇擁在一起，我和小夥伴們爬到樹上用手擼下來直接就可以吃，也可以用來做餃子餡包餃子吃，一口咬下去，滿嘴清香⋯⋯忘記了吃過多少次，那滋味卻一直記到了今天。只是不知道我記憶中童年的榆樹是不是英國榆樹的遠親？

　　沒有想到的是，英國榆樹居然是一個苦難深重的大家族，堪稱植物界的《唐頓莊園》，早在二千多萬年前，就生活在地球上，成活率很高，挖個坑，掰個枝，種下去就能活，隨遇而安，代代相傳幾乎遍布世界各地。公元前 4000 年左右，英國榆樹的數量在全世界範圍內突然減少，然而卻無人知道這究竟是怎麼回事兒？

　　直到 1921 年，一位荷蘭的病理學家才發現有一種甲殼蟲在榆樹上飛來飛去，傳播一種病菌，受感染的榆樹漸漸乾枯死亡，後來人們就把這種病命名為「荷蘭榆樹病」。植物學家們進一步

研究發現，所有英國榆樹的基因都一模一樣，欣慰的是它們保持了純正的血統，遺憾的是它們對「荷蘭榆樹病」都一樣沒有任何抵抗力，難怪英國歷史學家 Oliver Rackham 說：「榆樹是最複雜難懂的一種樹，也是同人類聯繫最密切的一種樹。」

我同榆樹的關係只存在於童年的記憶中，童年的一切好像都是那麼簡單，那麼單純，吃飽了，玩累了，睡上一覺，就是幸福的一天。吃晚飯前，我特意逗小兒子說送爸爸一句話吧，爸爸可以用在文章裏，他不假思索地就送了我這樣一句：你不能回到過去。

童言無忌。的確，榆樹難見昔日的輝煌，我也永遠無法走回過去。長大了，忘記了曾經童年的模樣，卻總是懷念童年的溫柔時光。

此花究竟是在心內還是在心外

雞蛋花樹 Frangipani Tree

又是一個微涼的清晨，張愛玲筆下的霓喜早已不見踪影，只留下了滿地一片狼藉的雞蛋花，沒人勾肩搭背的我不知不覺間來到了雞蛋花樹下，獨自一人體會「從來遷客應無數，重到花前有幾人」的心情。

　　雞蛋花雖然是一個挺俗氣的名字，但是就像張愛玲寫的那樣白瓣黃心，酷似雞蛋，黃白搭配得如此協調，彷彿上天的神來之筆。說起來雞蛋花樹可能是我來澳洲後認識的第一種樹，雞蛋花對我有一種莫名其妙的吸引力，常常把落在地上的雞蛋花撿起來，帶回家，放在瓷碗裏，倒入水，花就浮在水面上，成了一碗名副其實的雞蛋湯。賞心悅目，望花解饞，好像雞蛋花在水裏還能多活幾日，喜愛之情也彷彿能隨之綿綿無期。

　　也許有人要說，天下的花多了去了，花開花落與我何關呢？這不由得讓我想起王陽明遊南鎮時的一樁舊事，先生的朋友指著岩中花樹問道：「天下無心外之物，如此花樹在深山中自開自落，於我心亦何相關？」先生不緊不慢地回答說：「你未看此花時，此花與汝心同歸於寂；你來看此花

時，則此花顏色一時明白起來；便知此花不在你的心外。」我的理解是心中有花，岩中花樹才能真正地活起來。與花相遇，也是同自己的靈魂見面，正所謂我見青山多嫵媚，料青山、見我應如是。

也是在一棵盛開的雞蛋花樹下，毛姆泡了一杯格雷伯爵茶，點燃了一隻煙，花香和煙味刺激著他的鼻孔，思緒飄向了遠方，望著攤在面前的幾張白紙，雞蛋花紛紛揚揚落在上面，彷彿像是一張畫，看著看著，他突然拿起筆來在紙上寫下了「月亮和六便士」幾個字⋯⋯遠在天邊的大溪地，高更也曾經大汗淋漓地一筆一筆地畫著島上那些美麗的雞蛋花，雞蛋花伴著大溪地的女人，留在了他的許多畫面裏⋯⋯一個寫，一個畫，他們的前生今世在時空中交錯，在雞蛋花的祝福裏各自留下了不朽的傳奇。

環視周圍的大街小巷，不見了滿地的六便士，只剩下了幾朵凌亂的雞蛋花。我抬頭，看見了彎彎的亮亮的一牙兒新月。

伴著羅曼蒂克一口喝下去

銀荊樹　Silver　Wattle

我想象中，紀德筆下的花園就是巴黎麗茲酒店的花園，放眼望去，滿園的銀荊樹盛開，那小絨球一般黃黃的花朵，淡淡的清香，即便是不會寫小說的人，此時此刻，此情此景，心裏也會有一種莫名其妙的衝動，羅曼蒂克的感覺一點點地蔓延開來，充滿了周圍的空間。

合歡屬的銀荊樹常常被誤以為是金合歡，因為它開的花兒是黃色的，更奇妙的是銀荊樹的小名又叫 Mimosa，而 Mimosa 是含羞草屬的意思，大概是說這種樹開的花兒像含羞草花，除此之外，Mimosa 還是一種雞尾酒的名字，所以就有人把這種雞尾酒翻譯成含羞草雞尾酒，但我認為銀荊樹上盛開的黃色合歡花兒跟含羞草是兩碼事兒，正本清源應該叫合歡雞尾酒。

說起雞尾酒，就不得不提起巴黎麗茲酒店裏的海明威酒吧，海明威非常喜好雞尾酒，在巴黎的日子裏，他常常去麗茲酒店喝酒，用他自己最著名的廣告詞來說，就是「當我於夢寐之時窺見來世和極樂淨土，我發現自己總是身處麗茲酒店。」19 世紀初，法國的一位貴族園藝家把銀荊

樹從澳洲引入法國，如此這般麗茲酒店才有機會發明了以此樹名 Mimosa 命名的雞尾酒。

其實這種雞尾酒是由橙汁和香檳混合而成的，顏色橙黃，像是園中銀荊樹枝頭上那一簇簇黃色的合歡花。據說好萊塢影星伊麗莎白‧泰勒最喜歡這種雞尾酒，於是我腦海裏常常浮現出這樣的鏡頭：雍容華貴的伊麗莎白坐在麗茲酒店的餐桌前，面帶微笑，輕啟紅唇，向站立身旁畢恭畢敬的侍者吐出了這個迷人心竅的名字：Mimosa，一股異域風情撲面而來。

銀荊樹的特點是非常喜愛低溫環境，生長迅速，如果不加控制，容易氾濫成災，然而其花期卻非常短暫，如果喜歡黃色的合歡花，想要插在花瓶裏裝飾的話，那麼用不了一天的時間，花就凋謝了，而且落得到處都是細小的花瓣，得花不少時間清理，費時費力，得不償失。

不過一位不信邪的法國家庭主婦潛心專研多年，終於發現如果能夠保持室溫攝氏 22 度恒溫的話，黃色合歡花可以在花瓶裏開放一整天，花香清新可人，否則的話就不必自尋煩惱了，不如看看園中幾株銀荊樹花開花謝，嗅嗅撲鼻清香，

在酒吧裏點上幾杯迷人的 Mimosa 雞尾酒，伴著羅曼蒂克一起喝下去。

在這個人人行色匆匆，物質至上的年代裏，羅曼蒂克究竟有沒有消亡？羅曼蒂克這個詞挺俗的，大家都不好意思提起。但羅曼蒂克這種調子本身卻與歲月無關，任天下世事變遷，永遠存在於這個充滿煙火味的美麗人間……在沿街漫步的緩慢腳步中，在提筆寫下幾個字的那封信裏，在花盆盛開的幾朵花之間，在相愛的男女互望的眼神中，在柴米油鹽，生離死別，似水流年，無聲無息之間存在著。

我沒有喝過合歡雞尾酒，但是我不拒絕雞尾酒，就像我不拒絕羅曼蒂克。把不同混在一起，也許就是新生。

我無法選擇我別無選擇

棕櫚樹 Palm Tree

許多年前，有一個把自己想象成棕櫚樹的年輕人從台灣漂洋過海去了美國，《又見棕櫚又見棕櫚》中的天磊臨行之前，對校門前的棕櫚樹許了願：要出人頭地。然而他在美國呆了十年，博士畢業，卻絲毫沒有出人頭地的感覺，既不成功，也沒有失敗，既沒有扎根，也不能回去。

　　我離開家鄉的時候，沒有高大挺拔的棕櫚樹可以告別，也沒有許下什麼特別的心願，好像是一件驚天動地的大事兒，又好像什麼事兒都沒有發生一樣，興奮、焦慮、無奈、等待都已經發生過了，所以走的時候反倒格外的平靜。走過了天磊的十年，甚至走過了二十年，非常理解小說中天磊所說的那種無形的感覺，無根的漂流，說不清楚具體是什麼，以至於現在的我總是用各種各樣不同的答案來應付為什麼要出國這個問題。天磊的時代同我的時代並不一樣，然而我卻好像還可以按照他的語氣說，我沒有不快樂，我也沒有快樂，我沒有失敗，我也沒有成功。

　　前院原來有一棵挺拔的棕櫚樹，每到風雨交加的時候，一種不祥的感覺就總在心頭飄蕩，棕櫚樹在海邊很漂亮，一派熱帶風光秀麗無限，可

是緊捱著電線杆長得越來越高的棕櫚樹就時時讓人心驚膽戰，棕櫚樹的枝葉會乾枯掉下來，只是留在頭頂上的幾片才是綠色的，又大又厚的枝葉就常常搭在電線上，忽悠忽悠的。

在一個狂風暴雨的半夜三更，轟然一聲，我眼前直冒金光，心想大事不好肯定是我們家的樹倒了，慌慌張張跑出來一看，原來是鄰居家的大樹倒了，砸倒了路邊的電線杆……前車之鑒，後事之師，只能忍痛割愛砍掉。幾年的和平相處，我不知道棕櫚樹都記住了什麼，我又記住了棕櫚樹什麼樣的時光。

我不想選擇悲傷，無論記憶是否存在；我也不想選擇虛無，無論快樂還是不快樂。棕櫚樹砍掉了，並不意味著世界末日的到來，天磊失去了根，並不意味著沒有了生根的土壤。既然要自由自在的人生，就要為自己的行為負責。於是，我無法選擇，我別無選擇。

最好的滋味是耐人尋味

紫薇 Crape Myrtle

我站在庭院外，等著遙遙無期的公車，夏日的陽光暖暖地撒在我的臉上和肩上，微風拂面，目光不知不覺地落在了院子角落裏的那棵紫薇樹上，這個庭院一點兒都沒有讓人憐憫的意思，牽牛花爬滿了籬笆墻，靠著院墻栽了一排君子蘭和百子蓮，車道兩旁不知名的小花爭奇鬥艷，白色的紫薇花在微風中輕輕地搖曳生姿，雖然離黃昏好像還有十萬八千裏，腦子裏卻浮現出白居易的那句「獨坐黃昏誰是伴？紫薇花對紫薇郎。」面對著院中的紫薇花，我不是三四郎，卻成了一名名副其實的「紫薇郎」。

　　紫薇樹原產於中國，花期綿延不絕，此起彼伏，好像剛剛開過，沒過幾天就又開始遍地開花了。難怪宋朝詩人楊萬里說：「誰道花無紅百日，紫薇長放半年花。」紫薇的花色品種繁多，我見過的就有紅色的、粉色的、白色的和紫色的，沒見過的可能還有各種各樣的顏色。自從認識了紫薇，我才發現這是一種兄弟姐妹眾多的常見樹，大街小巷裏，我總能幸運地遇見紫薇，紫薇花的香味非常清淡，似有似無，在樹下走過的時候，我常常聞不到花香，只是有時候會看到散落了一

地的紫薇花瓣，像是無法回收的情感，就這樣一點兒一點兒逐漸消失得一乾二淨。

記得一首歌裏唱道：「最好的滋味就是耐人尋味。」紫薇樹的確是一種耐人尋味的樹，李漁在《閑情偶寄》中曾經提到紫薇樹怕癢這件事兒，覺得好奇，難道樹也有神經系統的癢癢窩，摸哪兒才怕癢呢？開始我以為李漁是說紫薇花怕癢，於是就伸手去摸花，紫薇花開一團，像是一個一個小絨球堆在一起，整個兒一個卷毛兒，花在我的撫摸下沒有含羞閉月，花開依然如故。我又如法炮製去摸了摸葉子，摸了摸樹身，就差同紫薇親吻擁抱了，可是紫薇樹一點兒反應都沒有，這是怎麼回事呢？不過，我得繼續不慌不忙地向前趕路了，因為有幾位遛狗的大媽開始盯上我了。

一路走來，腦子裏始終念念不忘，究竟是李漁錯了，還是我錯了呢？據說摸摸紫薇的樹身，會感到微微顫動，好像癢癢一樣。不知道是不是在李漁的那個年代，紫薇樹特別害羞，特別怕癢呢？轉念一想，其實紫薇樹究竟怕不怕癢並不重要，李漁只是想告訴人們這樣一個道理：天下草木絕非無情之物，只有以平等之心善待天下萬

物，才能同自然和睦相處。我們常說人非草木，孰能無情？是人心無情，才會覺得草木無情。

　　我相信夜深人靜的時候，紫薇樹和紫薇樹也會互相說幾句悄悄話兒，也會相親相愛，也會討論說明天先開哪朵花好呢？哪一天下雨的時候是不是也該把身上的葉子都洗洗乾淨——對這些事兒，你也許明白，你也許不明白。

渴望一個白色的聖誕節

澳洲聖誕樹 Christmas Tree

你千萬別誤會，同名同姓這事兒並不稀罕，除了我們聖誕節時供在家裏大名鼎鼎四季常青的聖誕樹外，這世界上的的確確還有一種生長在野外開花的樹也被無事生非的人們起了個聖誕樹的名字，而且這種聖誕樹只生長在西澳，獨一無二。

　　澳洲聖誕樹每年 10 月開花一直開到 12 月，而 12 月又是花開的鼎盛時期，加上花的形狀像是人們裝點聖誕節用的槲寄生，也就是傳說中所謂的「生命中的金枝」，因此當地人都把這種開金色花的樹叫聖誕樹。這種樹的奇特之處在於它是一種寄生樹，根部非常奇特，能夠吸收周圍其他植物的營養，保證自己生長的需要，因此有這種樹的地方，你很少看到別的樹種或者其他大型植物，它們都對這種聖誕樹敬而遠之，有幸或不幸與它為鄰的，也早都前仆後繼，慷慨就義了。

　　面對大家的孤立，聖誕樹卻無動於衷，依然一如既往地繁衍綻放。大概的確有神靈庇佑，聖誕樹還真是身懷絕技，每逢森林大火之後，不但大難不死，而且花越開越旺，樹越長越壯，說好聽了，就是鳳凰磐涅，浴火重生，說不好聽了，簡直就是氣死人。

不管別人怎麼想，我倒是很欣賞這種獨立特行的樹，從不在乎別人的說三道四，而且無論周圍的環境如何，都能廣泛吸收各種各樣的營養，然後鼓足全身的勁兒，開出最絢麗的花，即便是歷經劫難，仍然能跌倒了再爬起來，開出更美麗的花來回報這個世界。

　　或許我們每個人的心中都有一棵這樣的聖誕樹，或許我們從這種樹的身上看到了自己的影子，面對無情歲月，我們別無選擇，因為要把花留在這個世界上。

堅強是你的名字

紅樹林 Red Mangrove Tree

在悉尼很多海邊的濕地上，都能看到這種紅樹林，這種樹給我的第一印象是其貌不揚，勇敢堅強，它們站在水裏像是一道守護大地的人牆，雖然瘦骨嶙峋，可是卻任憑風吹浪打，牢牢地屹立在水中，我覺得紅樹林這個名字太一般了，應該叫它們「樹堅強」，紅樹林英文名字來源於西班牙語或者是葡萄牙語，也是樹林的意思，至於說為什麼加了一個紅字，是因為這種樹分泌一種叫單寧的化學物質，在空氣中氧化變成紅色，因而得名紅樹。

說來紅樹林的分類也很有趣兒，居然有三種：一種是真紅樹林，一種是半紅樹林，一種是假紅樹林。真的紅樹林生長在江河湖海間潮濕地帶，它們把根扎在水裏，加上它們喜歡鹽水，適合在海水裏生存；半紅樹林在潮濕地帶和陸地上都能生存，它們擴展了這個樹種的生存空間，所以並不是真正的紅樹林；所謂的假紅樹林是指紅樹林邊上的許多伴生植物，它們跟紅樹林沒有任何血緣關係，只不過天生願意湊熱鬧，看著紅樹林嘩啦啦一大片，湊個熱鬧在它們旁邊做個鄰居，免得寂寞難捱。

紅樹林最大的功能就是阻擋海浪，潮水甚至海嘯的形成，它們緊緊地手挽手肩並肩地站在一起，海浪越大，它們的力量就越大，作用力等於反作用力。不過它們並不是硬打硬拼的草莽英雄，而是深諳以巧破千斤的道理，枝叉上的無數個點破解了來勢洶洶的浪花，讓水面瞬間恢復了風平浪靜的狀態，由於在海邊濕地生長，環境惡劣，它們又八仙過海各顯神通，有的長出氣根，幫助呼吸，有的長出板根幫助支撐，而最神奇的是有的紅樹林的種子在娘胎裏就開始生長，這就是所謂的「胎生」現象，種子一離開娘胎落到泥地裏馬上就能生根發芽，在父母身旁茁壯成長。

　　這種紅樹林大家族一共有80多個成員，主要生長在熱帶和亞熱帶地區，由於顏值不高，又沒有任何經濟價值，所以常常成了人類砍伐的第一目標，這樣做不僅破壞了環境，而且人們還不知道紅樹林吸收二氧化碳的能力是其他樹木的五倍，沒有紅樹林我們的空氣就不會淨化得這麼快。

　　在一個只追求顏值和經濟效益的年代，我們往往忽略了那些無法用顏值和效益來表現的品質，對樹如此，對人又何嘗不是如此呢？

如果樹也能拍電影

好萊塢樹 Hollywood Tree

這是一個我杜撰出來的名字，其實這種樹是海桐樹的一種，主要分布在昆士蘭東部和新南威爾士北部，與遠在美國加州的好萊塢沒有什麼瓜葛，不過我卻覺得這真是一種千載難逢的巧合，這世界上的樹木有千萬種，唯獨這種樹有這樣一個夢幻的名字，好萊塢是夢誕生的地方，也是夢破碎的地方，那麼這棵叫好萊塢的樹究竟有過什麼樣的夢想呢？

　　好萊塢小的時候，同其他的孩子沒什麼兩樣，那時候她天天就知道跟小夥伴們一起玩耍，早晨一睜開眼睛就迎著風蹦來蹦去，嘰嘰咋咋地說個不停，那時的笑聲彷彿格外爽朗，不知道愁是什麼滋味……不過她心裏始終盼望著自己快點長大，長大了就可以去看看外面的世界，總聽大人們說外面的世界很精彩，不過她沒注意聽過下面的那句：外面的世界也很無奈。

　　日復一日，年復一年，好萊塢漸漸地長高了，枝葉茂盛起來，她有時在樹根處的雨水泡裏瞥見了自己婷婷玉立的身姿，周圍的小夥伴們也投來了羨慕的目光，嘴上不說什麼，她的心裏還是美滋滋的，她在學校的成績很好，一家人的厚望都

寄託在她的身上……詩經裏說：窈窕淑女，君子好求。不久就有好心人張羅著給好萊塢介紹對象，好萊塢心想我還沒出去看看呢？怎麼能就這麼輕易地把自己的青春留在這裏呢？遠方究竟有什麼呢？

終究躲不過父母的嘮叨，加上對方又是青梅竹馬的玩伴，她終於在離父母不遠的地方安了家，過上了同別人一樣的日子，每天的柴米油鹽醬醋茶，說不上喜歡，也說不上不喜歡，人們告訴她說這就是日子，於是她一天一天地過起了平淡無奇的日子，可是心裏好像還有一個角落，一個輕輕的聲音時不時地冒出來，你什麼時候去看外面的世界呢？

好萊塢已經長到了二十幾米，她可以看見遠處的群山和廣闊無垠的原野，她閑下來的時候，有時候會嘆息一下，畢竟已經是人到中年，皺紋爬上了眼角，頭髮也有些花白，她的根也深深地在地下同別的樹木有了千絲萬縷的聯繫，美麗的容顏終究抵不過無情無義的歲月，她可以這樣繼續走自己的人生之路，同其他的樹一樣度過自己的餘生。

但是她開始逐漸有計劃地清理自己的根係，斬斷一切沒有必要的聯繫……在一個狂風怒吼的深夜，她終於借著風力從土裏走了出來，飄飄搖搖地向遠方飛去，她看到了周圍的樹林，從高處看一切都那麼渺小，那麼微不足道。前面就是高山，她心裏異常激動，如果風在大一點，她就可以登上山頂，去看看遠方究竟有什麼？是大海，是森林，還是平原？

　　可是就在這時，風突然停了，好萊塢重重地摔在了地上，她想站起來，可是卻站不起來，她的樹枝折斷了，身子也一分為二，種子撒滿了一地。她知道自己是回不了家了，不過讓她欣慰的是她把自己的種子帶了出來，有種子就還有希望，有種子就還有夢想。

一層一層地剝開我的心

洋蔥樹 Onionwood Tree

這的的確確是一個挑戰，雖說洋蔥已經有幾千年的歷史，是西漢張騫出使西域，開闢絲綢之路時引進中國的品種，原產地為中西亞地區，但是也許由於氣味辛辣的緣故，古人很少有詩詞篇章讚美洋蔥，總不能日啖洋蔥三百顆，不辭長作嶺南人吧！

詩人們於心不忍，我們胃腸不堪，倒是古埃及人認為洋蔥切開後一圈圈的同心圓象徵著永恒不變，因此很早以前在法老的墳墓裏就有洋蔥的壁畫和用洋蔥來陪葬，據說中世紀軍隊作戰時，騎士們在脖子也要佩戴洋蔥做為護身符的「項鏈」，作戰前也要吃洋蔥，確保勇往直前，百戰百勝。

那麼生長在澳大利亞昆士蘭熱帶雨林中的洋蔥樹究竟與洋蔥沾不沾點邊呢？洋蔥樹屬於蒲桃科，身高 30 餘米，也算是林中巨人，把樹幹橫切後，你會發現洋蔥樹也有跟洋蔥一樣的一層層同心圓樹環，就是因為這個緣故，人們把這種樹也叫洋蔥樹，有些牽強附會，但是也能自圓其說。

洋蔥樹的拉丁文名字也是由「蒜」和「樹」兩部份組成，在中國甘肅，人們把洋蔥也叫做洋

蒜，大概這個名字更接近洋蔥本來面目，洋蔥樹上的果實為紅色，與洋蔥長得類似，也給叫洋蔥樹多了一個理由，這種果實是澳洲食火雞的美味佳肴，人類如果願意的話，也可以盡情享受，只要你不是日啖三百顆，應該是沒什麼問題。洋蔥渾身是寶，而且保存期長，在世界各地都是很受歡迎的食材，

　　洋蔥樹也長得乖巧，蠻招人稀罕，可是文章總不能到此嘎然為止，古人不稀罕洋蔥，今人卻對洋蔥獨有情鐘，有人說洋蔥是一種讓人「潸然淚下」的美食，更有一首歌裏唱到「如果你願意一層一層一層地剝開我的心，你會鼻酸你會流淚，只要你能聽到我看到我的全心全意。」

　　洋蔥如心，識人識己，我們都不得不一層一層地剝開，盡管有時我們淚流滿面，痛不欲生，但是剝剩下的卻是一個更真實的你我。

救人一命，勝過神仙

奎寧樹 Quinine Tree

我一看到奎寧兩個字，腦子裏馬上就浮現出許多電影裏的場景，帥哥美女深入民間救死扶傷，不幸自己也身染重病，躺在床上一陣兒冷一陣兒熱，蓋著被子還是滿頭大汗，要死要活的樣子，這時候他們的大救星來了，吃了藥以後帥哥美女馬上又鮮活如初。

　　這個名副其實的大救星就是奎寧，奎寧樹又叫金雞納樹，產於南美的安第斯山脈附近，在印度、東南亞和澳洲北部都有種植，世界上恐怕沒有任何一種樹能同金雞納樹相媲美，在人類的歷史上寫下了如此濃墨重彩的一筆，而這一切都是因為我們在電影裏看到的那種名叫瘧疾的疾病，我們中國人也稱這種病為打擺子，在中國的《尚書》和《左傳》中就有關於瘧疾的記載，瘧疾是熱帶和亞熱帶地區的一種傳染病，曾經瘋狂肆虐歐洲大陸。

　　千百年來，從羅馬教廷到中國皇宮，始終沒有一種特效藥來治療瘧疾，直到 1638 年，秘魯總督的夫人染上了瘧疾，聽說當地土著人用金雞納樹皮煮湯來退燒，所以就決定用來試一試，沒想到金雞納樹皮湯居然把瘧疾治好了……原來金

雞納樹皮裏含有金雞納霜，也就是奎寧，對症下藥治療瘧疾有奇效，從此之後，奎寧立即紅遍全球，成為瘧疾的剋星。

英國和荷蘭為了種植金雞納樹，同秘魯展開了金雞納樹種子大戰，歷史上羅馬教廷，中國皇帝，各國宮廷都曾卷入奎寧和瘧疾的生死大戰之中……有人戲言瘧疾促進了人類的發展，奎寧及其合成藥在一戰和二戰期間也為各國軍隊做出了重要貢獻，人們沒想到的是道高一尺，魔高一丈，奎寧並無法把瘧疾趕盡殺絕，近幾十年來人類用農藥殺蚊子杜絕傳染源的做法對環境造成了嚴重影響，況且奎寧又有許多副作用，用量不當也會危害身體健康。

而就在這時，通過蚊子傳染的瘧疾對奎寧也逐漸產生了抗原體……直到今天為止，全球的瘧疾病例每年在三億到五億例之間，死亡人數在一百萬人到二百萬之間，主要是非洲的兒童，在我們這個地球上，每一百個人中每年至少有五個人得瘧疾，無論在感染人數和還是在人口比例上，毫無疑問，瘧疾都是排名第一的傳染病。這也是為什麼 2015 年的諾貝爾醫學獎頒給了中國

的屠呦呦，她研究的青篙素是目前為止最有效治療瘧疾的良藥，但是據說也有一些瘧疾病毒對青蒿素產生了抗體，而且我們始終也沒有研究出瘧疾疫苗。

　　或許瘧疾離我們很遠，可是死亡卻時時刻刻都在發生，如果金雞納樹、青蒿素都不能戰勝瘧疾的話，人類同瘧疾幾千年的生死搏鬥彷彿又回到了起點。

濃縮的一整個夏天

梔子花樹 Gardenia Tree

傍晚時分，庭院中的一絲微風輕輕拂過，帶來初夏的氣息。我坐在院子裏，隨意四處張望，忽然發現了一朵剛剛綻放的梔子花（Gardenia Jasminoides）。這是院子裏今年的第一朵梔子花，潔白如玉，花瓣層疊舒展，彷彿迫不及待地想要展示它的美麗。我忍不住走上前，輕輕嗅了嗅它的香氣。梔子花的香氣濃郁而直白，撲鼻而來，似乎整個夏天都被濃縮進這小小的一朵花中。

　　這香氣讓我不禁想起了陸遊詩中的句子：「落日桐陰轉，微風梔子香。」梔子花的香味彷彿在微風中流動，給人一種既沉靜又熱烈的感覺，恰如傍晚時分的柔和夕陽。陸遊用這句詩描繪了一個寧靜的夏日傍晚，香氣和暮色相融，天地間似乎都帶著一絲閑適與恬淡。古人筆下的梔子花，既優雅也樸素，讓人不禁為之傾心。

　　而汪曾祺在《人間草木》裏對梔子花的描述則更加直白。他寫道：「梔子花粗粗大大，又香得撩都撩不開，於是為文雅人不取，以為品格不高。」在汪曾祺的筆下，梔子花不再是文人雅士眼中的清雅之物，而是一朵大大方方、毫不掩飾

自己的花。梔子花不在乎是否「文雅」，它的香氣就是如此濃烈直接，不摻雜任何虛飾，汪曾祺甚至讓梔子花「直率」地反駁道：「去你媽的，我就是要這樣香，香得痛痛快快，你們他媽的管得著嗎！」

讀到這段話時，我忍俊不禁，感到汪曾祺筆下的梔子花彷彿帶著一種放蕩不羈的態度。它自信坦然地散發著濃烈的香氣，毫不在意他人對它品格的評判。或許正是這種「痛痛快快」的香氣，讓梔子花顯得獨特，彷彿在說：真正的美，不必迎合任何人的口味。梔子花的香氣雖然濃烈，卻是一種真實的、自我展現的姿態，這種不加掩飾的香味讓人感到溫暖，也讓人感受到一種自然的力量。

梔子花起源於中國及東南亞的熱帶地區，自古以來深受人們喜愛。它的英文名「Gardenia」源自植物學家約翰・埃利斯對 18 世紀著名植物學家亞歷山大・加登（Alexander Garden）的致敬。這種花因香氣濃烈而著稱，在許多文化中象徵純潔與喜悅。許多南方地區的人們還會將梔子花當作庭院植物，一到夏日便隨處瀰漫它的芳

香。

　　梔子花的香氣，或許對有些人來說過於濃郁，但正是這種香氣，讓人不禁去重新審視生活中的點滴美好。很多時候，我們的生活被各種規範、評判束縛著，連喜好也在別人眼中被賦予「品格高低」的標籤。然而，梔子花卻以最自然的姿態示人，濃烈且坦率。它的香氣似乎在提醒我們，生活中的美好不一定都是清淡的、都會被稱為「高雅」的，那些直白、濃烈的情感和體驗同樣值得珍視。

　　伴隨著梔子花的香氣，我不再急於評價或定義它的品格高低，而是靜靜享受這片刻的芬芳。

紫絲暈粉綴鮮花

苦楝樹 Chinaberry Tree

在夏季的溫柔時光中，雨終於停了。晚飯後，我漫步於小街，路過一棵盛開的苦楝樹（Chinaberry）。月色朦朧，蟬鳴聲聲入耳，伴隨著清風徐來，花香瀰漫，令人陶醉。

苦楝樹，又名苦楝（學名: Melia azedarach），屬於無患子科，是一種落葉喬木或灌木。它原產於中國，現廣泛分布於世界各地，尤其是在亞熱帶和溫暖地區。苦楝樹可高達 10 到 15 米，樹冠寬大，具有很好的觀賞性。樹皮灰褐色，質地堅硬，葉子呈羽狀復葉，長約 30 到 40 厘米，生長旺盛。每年春季，苦楝樹開出淡紫色的小花，花瓣五瓣，呈鐘狀，形成圓錐形的花序，香氣撲鼻。果實為紫色或金黃色的小漿果，成熟後會掉落在地，吸引鳥類和其他動物。

樹上的花朵密密麻麻，彷彿在訴說著春天留下來的故事。細細觀察，苦楝樹的花朵如雲朵般聚集，形成了一片花海，給人一種生機勃勃的感覺。有人曾說，苦楝樹也被稱作中國樹（China Tree），這或許是因為它的原產地。雖然樹上開滿了花，但花香並不濃烈，反而帶著一種恬靜的氣息，像極了北方的丁香花。正如宋代詩人謝逸

145

在《楝花》一詩中所描述的：「楝花飄砌，蔌蔌清香細。」這一句讓人想起了在夕陽下歸家的情景，既溫暖又愜意。

　　楝樹的花與玫瑰鸚鵡（Crimson Rosella）在陽光下共舞，構成了一幅生機盎然的畫卷。兩隻玫瑰鸚鵡在樹上飛來飛去，歡快地叫著，紅色的羽毛在陽光下顯得愈發鮮艷，彷彿真的像是玫瑰花般美麗。前幾天，流蘇樹的繁花已經凋謝，如今換上了新綠，而苦楝花卻在這時開始爭奇鬥艷。宋人梅堯臣曾在詩中寫道:「紫絲暈粉綴鮮花，綠羅布葉攢飛霞。」這讓我思考，或許在植物的世界裏，每一種花朵都有它獨特的魅力和故事。苦楝樹以它的花香和顏色向人們傳遞著溫暖的氣息，讓人忍不住停下腳步，欣賞這一瞬間的美好。

　　正當我沉浸在這幅畫面中，忍不住想起了自己過去的經歷。無數個黃昏，我也曾在花下駐足，感受著生活的喜怒哀樂。每一朵花開都有它的意義，就像人生中的每一個瞬間，都是時間長河中的一顆珍珠，閃爍著獨特的光輝。苦楝樹下的我，心中充滿了感激，感恩生命中遇到的一切美好。

　　陽光漸漸西沉，天空中的雲彩被晚霞染成

了金黃色，苦楝樹在這柔和的光線下顯得愈加迷人。隨著微風拂過，樹上的花瓣輕輕搖曳，似乎在向我訴說著夏天的秘密。我知道，無論世事如何變遷，生命總會在不同的季節中開花結果。我踏著夕陽的餘輝歸去，心中充滿了對未來的期許與希望。這一刻，生活的美好在我心中悄然綻放，正如那盛開的苦楝花，靜靜地散發著淡淡的清香。

好一朵美麗的茉莉花

九裏香樹 Orange Jasmine

清晨，我在小徑上漫步，忽然被路旁那棵樹上紅紅的橢圓形小果子所吸引。好奇心驅使我走近，細細觀察。空氣中瀰漫著淡淡的清香，彷彿在邀請我去揭開它的秘密。這棵樹似乎是九裏香（Murraya paniculata），它屬於芸香科，是一種常綠灌木或小喬木。九裏香的花朵呈白色，形狀優雅，花期較長，通常在春夏季節開放，散發出濃郁的香氣，吸引著蜜蜂和蝴蝶的到來。

經過一番查詢，我才發現這株植物的別名頗多，常被稱為「七裏香」，也有人叫它「香橙茉莉」。這些名字對我來說並不重要。但隨著查詢的深入，我心中不禁產生了一絲糾結。轉念一想，花能飄香又何必在意名字呢？我更傾向於稱之為九裏香，因為它的香氣如同茉莉，雖說九裏之外聞不到那花香，卻讓我想起了席慕蓉的那首小詩：「在綠樹白花的籬前／曾那樣輕易地揮手道別／而滄桑的二十年後／我們的魂魄卻夜夜歸來／微風拂過時，便化作滿園的鬱香。」此時此刻，我也站在綠樹白花的籬笆前，然而無人可揮手道別，只剩下滿園的香氣。

家裏後院的籬笆墻下種了一些九裏香，門

前的籬笆也是九裏香，伴隨著鳥語花香的交織，九裏香的香氣在清新的空氣中飄散，令人倍感舒適。樹上的彩虹鸚鵡歡快地鳴叫著，它們的聲音為這幅生動的鳥語花香畫卷增添了活力。每次看到這些九裏香花兒，我都會停下腳步，細細品味它們的芬芳，傾聽鳥鳴與周圍空氣流動的聲音。抬頭望向天空中的雲彩，低頭看著地面的陰影，我在這簡單的瞬間中找到了寧靜與滿足，彷彿世界的喧囂都與我無關。

花園中的每一個角落都充滿了生命的氣息，每一朵花的綻放都是大自然的饋贈。九裏香以其細膩的花瓣和濃郁的香氣，成為了花園中的明星，吸引著蜜蜂和蝴蝶的到來。它的果實成熟時呈現出鮮艷的紅色，果實雖然小，卻能食用，味道清甜可口，給這種樹增添了幾分生動的色彩。

在這片小小的天地裏，時間似乎放慢了腳步，心靈在這一刻得到了釋放。我靜靜等待著黃昏的到來，期待著那一瞬間的靜謐與美好。或許，在這寧靜的時光裏，我會寫下一首詩，記錄下這片刻的心情與感動。

九裏香的香氣與其他花木的芬芳交融在一

起，宛如生活的樂章，輕輕迴響在心間。生活中雖有波瀾，但每一次與自然的親密接觸都讓我感受到一種安寧與滿足。正如席慕蓉所描繪的那樣，過去的種種已成雲煙，而眼前的每一縷香氣，都在提醒我珍惜當下，感受生活中的每一份美好。在這片小小的花園中，我不僅感受到植物的生命力，更領悟到了生活的意義。在九裏香的陪伴下，心中涌動著對生活的熱愛與感激。

開在籬笆墙上的花

澳洲赤楠樹 Lilly Pilly Tree

蔡瀾曾經在他的博客裏寫過澳洲這種獨特的赤楠樹，但沒什麼深入細致的描寫，只是說這種樹結的果子味道和口感像台灣的蓮霧，但沒有那麼甜。

澳洲赤楠樹（Lilly Pilly，學名：Syzygium smithii）是一種原產於澳大利亞和新幾內亞的常綠小喬木或灌木，通常可高達五至十米。它的葉子濃綠而光亮，呈橢圓形，葉緣有細鋸齒，四季常青，給人一種生機勃勃的感覺。春夏時節，澳洲赤楠樹的花開得如火如荼，花瓣細膩，盛開的時節彷彿在為大地披上華麗的盛裝。其花色從白色到粉色不等，常常吸引蜜蜂和蝴蝶前來採蜜，形成了一幅生動的生態畫卷。

作為一種具有觀賞價值和經濟價值的植物，赤楠樹在澳洲廣泛種植。它適應性強，喜歡溫暖濕潤的氣候，通常生長在排水良好的土壤中。赤楠樹的果實成熟後，顏色從綠色轉變為紅色，果實肉質多汁，口感酸甜可口，含有豐富的維生素 C 和抗氧化物質，備受歡迎。除了直接食用，赤楠樹的果實常常用於製作果醬、果汁和糕點，成為澳洲傳統美食的一部分。

這種樹還具有很強的環境適應能力，能夠在多種土壤條件下生長，並且對乾旱和鹽鹼土壤具有良好的耐受性。此外，赤楠樹的葉片含有芳香油，能有效抵禦一些害蟲，是園藝愛好者和生態園區的理想選擇。

我對果醬和赤楠樹的果子並沒什麼興趣，但對澳洲赤楠樹的花卻情有獨鐘，兒子上小學的時候，學校旁邊的一條小路就叫 Lilly Pilly，我們幾乎每天都從這裏經過，雖然沒有滿街遍地的赤楠樹，但是那幾棵赤楠樹上會開出不同顏色的花兒，在陽光下，嫩粉色的花朵顯得特別迷人，宛如小巧的花傘，輕輕搖曳，在迎接著一陣又一陣的拂面微風。

在我眼中，澳洲赤楠樹開的花兒是最不起眼的花兒，唯有走近細看，才會發現這種花兒竟有著如此耐人尋味的驚艷，尤其是那些毛茸茸粉嫩的花瓣，彷彿自帶光環，讓人過目不忘。每次漫步於花叢中，看到那些絢麗的花朵，我的心情也隨之愉悅，彷彿感受到了一種自然的純粹與寧靜。

這種澳洲赤楠樹也在時時刻刻提醒我，在繁

忙的生活中，不妨放慢腳步，細細品味身邊的細小美好。每一朵花的盛開都代表著生命的希望，每一個果實的成熟都象徵著努力的成果。正如蔡瀾所說，生活中總有一些美好值得我們去發現和珍惜。

　　站在自家門前，凝視著那排即將盛開的澳洲赤楠樹，心中滿是期待與憧憬。我想象著那一片花海，彷彿可以聞到花香撲鼻而來的芬芳。或許在不久的將來，它們將會以最美的姿態展現自己，帶來一場視覺與味覺的雙重盛宴。而我，也將是這場盛宴的見證者，靜靜享受著夏日的溫暖與花香的滋潤。

值得為生命受苦受難

含羞樹 Blushwood Tree

川瑞康成《雪國》裏的駒子漠然地站在窗前，眼前是一片茫茫的白雪，她眺望著縣界上的重山疊巒，不覺臉頰緋紅了。與此同時，在沒有皚皚白雪，也沒有川瑞康成的昆士蘭熱帶雨林中，含羞樹的果子眺望著遠方的綠色，也在不知不覺之中緋紅了全身，挂滿了枝頭。

　　含羞樹是澳洲特有的樹種，全世界這麼大的地方，她哪都不去，偏偏就選擇了昆士蘭。就像她的名字一樣，含羞樹上的果子也一直呆在熱帶雨林裏深藏不露，直到最近才被科學家們發現，這種果子裏面含有豐富的抗癌物質，如果能夠提煉出來，必然造福人類。就像是一位深藏在閨閣之中的妙齡女子，雖然千呼萬喚始出來，卻依然猶抱琵琶半遮面，不肯把心裏的秘密告訴世人，含羞媽媽給含羞開門，也算是含羞到家了。

　　由樹及人，含羞往往是謙虛謹慎的變體，歷來被我們中國人奉為美德，都說酒香不怕巷子深，早早晚晚都會有伯樂出現，發現含羞之人之事兒，從此名揚天下。可是如果伯樂不出現的話，含羞往往也錯過了發展的最好時機，其實能被早日利用也是一種機遇，對己對人都有利，何樂而

157

不為呢？謙虛謹慎固然可敬可愛，偶爾露露崢嶸也無傷大雅，就連簡‧奧斯汀也在《傲慢與偏見》中提醒我們說：「假裝謙虛是最虛偽的表現，因為這可能是信口雌黃的開始，又或者是拐彎抹角的自我誇獎。」

含羞中的這一個小小的「羞」字，在歷代文人墨客的筆下又呈現出迥然不同的意境，在李清照的筆下，是聰明伶俐滿腦子鬼點子的妙齡少女，雖然不好意思，卻也要暗地裏把公子哥兒好好打量一番，於是「和羞走，倚門回首，卻把青梅嗅。」而在納蘭性德的筆下，又變成了心高氣傲，不甘寂寞的艷麗桃花，怎能無聲無息地悄然死去，於是就有了「桃花羞作無情死，感激東風。」至少還可以隨風飄入窗中，安慰一顆孤寂的心靈。輪到寫駱駝祥子的老舍筆下，含羞就變成了真誠的臉紅，他說：「這世上真話本就不多，一位女子的臉紅勝過一大段對白。」

如果讓我選擇的話，我喜歡最真誠的含羞，最真誠的臉紅，盡管伶牙俐齒的王爾德會說：「不夠真誠是危險的，太真誠則絕對是致命的。」但我還是喜歡致命的真誠，就像含羞樹離不開昆士

蘭，就像老鼠愛大米，就像羅曼‧羅蘭所說：「只要有一雙真誠的眼睛與我一同哭泣，就值得我為生命受苦。」

命運是你無法擺脫的誤會

斑克木 Banksia

我與斑克木的誤會淵源久遠，一直自以為是地認為這就是瓶刷子樹，好像就是比瓶刷子硬一些，完全可以摘下來刷瓶子，後來才知道這種長著小刷子的樹叫斑克木，僅限澳洲發行，一共有一百多個品種，刷子的顏色也是五彩繽紛。

　　斑克木這個名字是為了紀念英國杰出的植物學家 Joseph Banks 爵士，名字無可非議，但在心裏倒是更喜歡佛塔樹這個俗名，樹上長長的硬殼果子的的確確有點像佛塔，林中漫步，樹上佛塔林立，彷彿來到了另外一個世界，滿目佛法無邊，普度眾生，回頭是岸。

　　常常羨慕那些有信仰的人，敢把自己的命運交給冥冥之中的神靈，然後就可以坦然面對人生的林林種種，相信上天的安排就是最好的安排……而我卻沒有這種信心，總想著把命運抓在自己手中，以為人生可以按自己的願望來進行，所以常常感慨滿地，憤憤不平。

　　命運是什麼？我們究竟能不能選擇命運呢？一百多年前，梭羅來到了瓦爾登湖畔的林中住了兩年，為了探索生命的意義，他曾經這樣說：「一個人怎樣看待自己，往往暗示著自己的命運。」

如此說來，我們彷彿還可以選擇自己的命運，改變對自己的看法，也就改變了命運的軌跡。

然而現實卻往往不那麼簡單，都說命運多舛，一旦遇上了厄運纏身，有幾個人能夠想到改變自己對自己的看法呢？而恰恰是這一點，讓我們走上了不同的命運之路，我理解梭羅的意思是說，如果你不承認自己是命運的受害者的話，那麼命運又拿你有什麼辦法呢？如果你承認自己是命運的受害者，命運正好趁虛而入，從容不迫地完成了自己的使命。

我對命運的態度即不樂觀也不悲觀，挑戰命運不一定會大獲全勝，接受命運也不一定意味著投降失敗。死亡就是命運，無法逃避，無處躲藏，但是我們還可以選擇，法國作家安娜伊斯・寧選擇這樣對待死亡，她說：「我用過日子、遭受痛苦折磨、犯錯、冒險、給予和失去來推遲死亡的到來。」

這樣一想，對命運的挑戰或接受也變得輕鬆容易起來，其實每一時每一刻，我們都在改變著命運的軌跡，每一時每一刻我們都在接受命運帶來的一切，也在挑戰命運帶來的一切，不知不覺之中，我們就變成了命運，命運也變成了我們。

走進一幅畫兒的世界

露兜樹 Screw Pine

高更說「為了看，我閉上了眼睛。」為了看，我卻睜大了眼睛，值得欣慰的是，我一眼就看到了《露兜樹下》這幅畫裏的這幾個字，高更閉上眼睛是為了在畫畫時胸有成竹，我睜大了眼睛，是為了尋找一種陌生，一種未曾體驗的新奇。

一直不知道該怎麼寫這種樹，中文露兜不可思議，英文 screw 聯想過度又很污，看來只能就樹論樹，不可胡思亂想。高更的《露兜樹下》，一男一女在海邊相遇，女子轉頭回眸一笑百媚生，我們卻看不到她的臉，男人含情脈脈注視著女人，腳下一條小狗不知道看誰是好，只能低頭在地上尋找著什麼，海邊長著茂盛的露兜樹。

看似普通的《露兜樹下》究竟要告訴我們什麼呢？也許如高更自己所說：「離開是為了尋找平靜，擺脫文明的影響，我只想創造簡單，非常簡單的藝術，為了達到這個目的，我必須回歸到未受污染的大自然中，只看野蠻的事物，像他們一樣過日子，像小孩一樣傳達我心靈的感受，使用唯一正確而真實的原始表達方式。」

第一次見到露兜樹是在黃金海岸的海邊，後來又在凱恩斯和幾個島國見過這種樹，別看樹名

不響亮，這也是一個有 750 多個品種的大家族，它們適合在海邊沙灘生長，能防風固沙，面對世界上的大風大浪，性格堅強不屈，把根深深地扎在泥沙裏。

最早的時候，我只注意到這種樹上的果子長得很醜，在人多的地方還能夠剩下來，一定不是什麼好果子，後來仔細研究一下，才發現這種樹除了防風固沙，還真有好多用途，樹葉可以用來編織，很多熱帶島國的人們用這種樹的葉子來編織項鏈、帽子、坐墊、甚至漁網等等，還有人用野菠蘿的種子製造麵粉，提取香料。

對於不熟悉的事物，我們常常帶著自己的觀點進行評判，誤差往往很大，以貌取人，以貌取樹都可能誤入歧途，世界上的豐富多彩讓我們無法想象，相信任何事情都會發生，都可能發生才能讓我們心平氣和地欣賞周圍的世界和周圍的人們，每一棵樹，每一個人都是一道不一樣的風景，在等著你獨特的目光。

秋之靜美篇

重新認識了法國梧桐

終於完成了我與南方的小小約定

知道了樹名

就不再有眼無珠

就不再麻木不仁

周圍的世界頓時變得生動活潑起來

我與南方的一個小小約定

法國梧桐 Plane Tree

生長在北方的我，從小就與南方有了一個小小的約定。

我相信自己今生今世一定會遇見南方，就像風遇見雲，就像花遇見樹。因為南方有法國梧桐，因為書中對法國梧桐的描寫曾經深深吸引過我。林蔭道下，大街兩旁長滿了法國梧桐樹，這裏是情侶們挽手散步的地方，這裏是憂愁時更換心情的地方，抬頭放眼望去，像是手掌般寬大的樹葉上懸挂著帶刺兒的小球，黑白斑駁的樹幹，在明媚的陽光裏，隨意在地上印上了一些斑駁陸離的樹影。字裏行間彷彿都能聞到法國梧桐浪漫的氣息，淡淡的憂傷，寫不盡的山盟海誓，聊不完的花前月下⋯⋯可惜的是，我生活的城市裏沒有法國梧桐。於是，我渴望南方。

到了南半球的悉尼，一個比南方還南方的地方，我居然一度忘記了這個小小的約定，都說「不識廬山真面目，只緣身在此山中」，這句話換在我身上就可以改成：不識梧桐真面目，只緣身在此樹下，悉尼的大街小巷裏，到處都點綴著法國梧桐，在樹下走過多少次，擦肩而過，卻不知道這種樹叫什麼名字？因為是英文的名字，對不上暗

號，我一次次錯過了與法國梧桐相認的機會，把法國梧桐當成了一棵普普通通的樹，淡忘了花前月下，淡忘了似水柔情。

浪漫的詩人說可以用梧桐葉接雨水洗臉，於是下雨的時候，我去看雨中隨風搖曳的法國梧桐，無論我們多麼浪漫，無論我們多麼柔情，手掌般的梧桐葉是接不住雨水的，倒是李清照筆下的這幾句：「梧桐更兼細雨，到黃昏、點點滴滴。這次第，怎一個愁字了得。」更形象生動，雨中的梧桐搖曳生姿，滿臉滿身憂傷的淚水，彷彿從李清照的筆下一直流到了今天。只是不知道古詩中的梧桐是不是我眼前的梧桐，前世今生，恍然如夢。

秋天的時候，我常常帶著兒子去家附近的公園裏拾法國梧桐金黃色的落葉，兒子小手裏拿著大大小小的法國梧桐葉，說是像扇子，我說像巴掌，一下一下打在你的身上，兒子說樹葉不會打人的，我說你怎麼知道呢？他看了看我說，樹葉乾枯了，一打我它就碎了。是啊，溫柔的法國梧桐葉經歷了風雨，見證了情感，風燭殘年的時候，她終於飄向了大地，有的粉身碎骨，有的殘缺不

全，縱然是滿腹怨氣，也沒有力氣打在我們身上了，倒是那些小球球，在你的腳下頑皮地翻滾，彷彿要讓你摔一跤，壓碎遍地的梧桐葉。

其實我們通常所說的法國梧桐是英桐，也叫二球懸鈴木，是由法桐和美桐雜交而成，最早由法國人引進上海法租界種植，所以被人們稱為法國梧桐。但是這種樹並非原產法國，也不是梧桐樹，我則將錯就錯，仍然把這種樹叫法國梧桐。

重新認識了法國梧桐，終於完成了我與南方的小小約定，知道了樹名，就不再有眼無珠，就不再麻木不仁，周圍的世界頓時變得生動活潑起來。

離去並不是因為不愛你

滴血心樹 Bleeding Heart Tree

這是澳洲一種其貌不揚，看上去默默無聞的樹種，它的花開不艷，果結不碩，彷彿渾身上下一無是處，然而這種樹卻深諳人生揚長避短的良策，悄悄地把葉子長得與眾不同。深秋，層林盡染的時候，樹上有些葉子變紅，有些葉子不變，形成了萬綠叢中點點紅的奇觀，而葉子的形狀又似心型，故名滴血心樹，又叫澳洲楊。

本以為我能把滴血之心寫成血雨腥風的恐怖大片，沒想到的是寫著寫著，就覺得這原本是一段可歌可泣的愛情故事。冥冥之中，兩顆心型樹葉，共同經歷了兩小無猜、一見鍾情、花好月圓、舉案齊眉的綠色人生，本以為可以兩情相依，白頭偕老，無奈上天自有上天的安排，於是一顆心對另一顆心說：親愛的，我去試試染頭髮吧！也許紅色會讓我變得年輕，另一顆心張了張嘴，想說什麼，卻嘆了一口氣，什麼也沒說出來，於是這顆心就義無返顧地變成了紅色，每天興高采烈地唱著快樂的歌謠。只留下綠葉在一旁不停地搖頭慨嘆，紅葉終於熬不過無情的歲月，在綠葉們輕輕唱著問世間情為何物的歌聲裏，隨風飄落。

愛上一個人有時候是一件很難很難的事情，

付出可以全心全意，可是究竟怎樣才能知道是不是也能得到全心全意的愛呢？紅葉和綠葉甜甜蜜蜜的愛情能夠持續多久呢？也許毛姆是睿智的明眼人，他早就說過：「最持久的愛情是永遠得不到回報的愛情。」愛，就不能期待回報，有時候忍心默默離去並不是因為不愛，而恰恰是因為愛得太深，所以才心甘情願。

天下的愛情故事總是有不同的情節，不同的演員，不同的導演，但卻總是有著兩種相同的結局，一種是地久天長，一種是曇花一現，兩顆心可以白頭偕老，兩顆心也可以分道揚鑣，說不出為什麼，也不是不喜歡，只不過不知道從什麼時候開始一切的一切都變得平平淡淡，沒有了波瀾，沒有了衝動……於是有人想要打破平淡無奇，又莫名其妙地變得挑剔起來，這也不行，那也不行，怎麼看都不順眼……有的人則安於平淡，把頭低下，一天一天地過日子，兩顆心越貼越近，慢慢地日子也變得有滋有味起來。

有人說愛情好像指甲一樣，剪掉可以再重新出來；有人說愛情好像牙齒一樣，失去了就永遠沒有了。如此說來，有的人一生當中好像不止有

一次愛情，每剪一次指甲，就可以再愛上一個人。而有的人卻只能有一次刻骨銘心的愛，愛得死去活來，愛得咬牙切齒，最後牙都掉了，沒什麼可咬的，再也無法愛上任何一個人。

　　面對愛情，我常常不知所措，不知道是應該剪指甲，還是應該咬牙切齒。

春蠶到死絲方盡
蠟炬成灰淚始乾

石栗樹 Candlenut Tree

澳洲石栗樹也叫燭果，因為果實裏含油量大，據說可以直接象蠟燭一樣點燃，所以英文名字裏就有了一個蠟燭……其實說起來，蠟燭應該是我們人類的老朋友，在沒有電之前的幾千年裏，是蠟燭陪伴著我們的祖先度過了無數個不眠之夜，蠟燭下讀書，蠟燭下寫字，那時所有的思念，所有的柔情彷彿都可以用蠟燭來表達，大唐詩人李商隱更是對蠟燭獨有情鐘，在他筆下，思念和愛戀不僅僅要「何當共剪西窗燭，卻話巴山夜雨時。」而且還要「春蠶到死絲方盡，蠟炬成灰淚始乾」。難怪三毛後來在撒哈拉沙漠裏也要點燃一根白色的蠟燭，不為別的，就是為了要看它渾身上下流淚的樣子。

　　英國人讀不懂唐詩宋詞，不過在王妃黛安娜去世的那一年，我們都熟記了歌手艾爾頓·約翰的那首《風中之燭》，估計女王聽了這首歌，心裏一定恨的咬牙切齒的，不是為了別的，如果黛安娜是蠟燭的話，那皇室豈不是蠟燭周圍的一團黑暗嗎？還是風中的蠟燭，難道我們都是黑旋風？還好女王就是女王，比宰相官還大，肚裏更能撐大一號的船，怎麼能跟一首歌兒較勁兒呢？你們

願意唱就唱吧！至於說女王回家後如何處理皇宮裏的那些蠟燭，我們就只能發揮各自天馬行空的想象力了。

古往今來，蠟燭是歷代文人墨客抒發情感的道具，可以被燃燒，可以被熄滅，可以高尚，可以卑微……如果讓我選一句最能打動人心的話，那我還是更喜歡安妮·弗蘭克在她的日記裏說的那句：「看吶，一根小小的蠟燭竟然在蔑視黑暗的同時又定義了黑暗。」沒錯兒，蠟燭雖小，卻是黑暗中唯一的光亮，它不懼怕黑暗，因為有了這一點點亮光兒，世界就不再是漆黑一團；同時，恰恰是因為有了這一點點光亮兒，我們才看清了黑暗的面目，知道了什麼叫做黑暗，正所謂沒有光明也就沒有黑暗。

遺憾的是，身處黑暗中的安妮最終並沒有戰勝黑暗，不過她卻為後人點燃了一根蠟燭，在黑暗中永遠閃爍著人性的光芒。與其詛咒黑暗，不如點燃蠟燭。石栗樹年復一年開花結果，蠟燭一根一根代代相傳。

賣火柴小女孩的陰差陽錯

象豆樹 Matchbox Bean Tree

假如時光能夠倒流的話，我相信市場營銷專家一定能夠挽救賣火柴小女孩的生意和她的生命，火柴本身就是一個沒有什麼魅力的產品，雖然家家都需要火柴，可是誰又會一定在冰天雪地的那個晚上去買火柴呢？要想把火柴賣出去的話，火柴本身並不是賣點，要賣的是吉祥和希望，首先要改的是火柴的包裝設計，時尚的設計主題應該是綠色回歸自然，這種名叫「火柴盒」的象豆正好可以派上用場。

根據澳洲土著人的經驗，象豆內白色無毒的一部分可以研磨成粉，在烤箱裏烘烤後加上各種調料，做成色香味美的象豆粥，象豆外面的豆莢可以做成火柴盒，外面塗上紅紅綠綠吉祥的圖案，裏面擺上十二根火柴，代表一年十二個月份，外面又用彩線打上一個美麗的中國結，撿來幾棵松枝，把豆莢火柴盒挂上去，豆粥飄香，豆莢火柴盒艷麗，不用怎麼吆喝，自然會有人被吸引過來，買一送一外加一碗香粥……這樣一來我想賣火柴小女孩的生意一定紅火，火柴不但能賣上高價，而且還會一傳十，十傳百，說不定過不了多久，她就可以開一個專賣店，專營豆莢藝術火柴

盒。

遺憾的是時光無法倒流，錯過就永遠錯過了。賣火柴的小女孩錯過了市場營銷專家，像豆莢錯過了火柴盒的藝術殿堂，像陸遊錯過了唐婉……安徒生筆下的小女孩帶著遺憾和火柴盒離開了人間，沈園裏留下了錯、錯、錯，莫、莫、莫的千古悲聲，只有象豆年復一年日復一日地重複著一樣的故事。

錯過是遺憾，可是至少錯過還有回憶，倉央嘉措卻不想給任何回憶一個機會，因為回憶就是痛苦，回憶就是無奈，他對錯過是那樣的絕情和悲哀，以至於訂下了十條戒律，不惜任何代價，一定要躲過世界上的任何錯過，這《十誡詩》讀起來讓人肝腸寸斷，撕心裂肺，可是如此這般我們就真的就能躲過錯過嗎？

不管你喜歡還是不喜歡，彷彿命中注定，我們每天都在錯過，錯過了瞬間，又錯過了永遠；錯過了團聚，又錯過了分別；錯過了親情，又錯過了友情；錯過了白天，又錯過了夜晚；錯過了象豆，又錯過了火柴盒。

我不喜歡錯過，我願意種下一顆種子，看著

它生根發芽，開花結果；我願意有一個孩子，陪著她姍姍學步，伴她長大成人；我願意看象豆從青澀走向成熟，用彩筆在上面畫上美麗的故事……可是我卻錯過了安徒生，錯過了陸遊，錯過了倉央嘉措……而所有錯過當中唯一沒有錯過的就是錯過。

告訴你一個秋天的故事

楓樹 Maple Tree

從二十三層的落地窗向外望去，世界就像一盤棋，紅磚碧樹充當的車馬炮擺滿了棋盤，不遠處的悉尼港彷彿成了界河，在陽光下閃著銀光。每當成群結隊的白色鳳頭鸚鵡在樹梢盤旋時，我就在濃濃的綠色中看到了星星點點的紅色，怪不得日本人把秋天觀賞楓葉叫做「紅葉狩」，楓樹紅了的時候，真好像是一頭受了驚嚇的小鹿，東一頭西一頭跑來跑去，點綴了棋盤上的大街小巷，最後消失在遠方的一片綠色裏。

　　楓葉紅了，彷彿是秋天發出來的一個信號，杜牧在上山的路上，忍不住詩性大發，寫下了「停車坐愛楓林晚，霜葉紅於二月花。」的詩句。我不用停車，也不用打坐，沿路走走停停就能觀賞到這比二月花還紅的片片紅葉。楓樹的種類繁多，葉子的形狀也各不相同，有的像是人的手掌，有的像是水滴，由於花青素和太陽的作用，一棵楓樹上有時會出現紅黃綠三種顏色，往往又是最外面最上面朝陽的葉子先變紅，然後逐漸整棵樹的葉子都慢慢變成了紅色或者黃色。

　　過不了幾天，紅透了的葉子就在緊一陣慢一陣的秋風之中，凌亂了一地，站在那裏的紅葉楓

樹，好像是一位美麗的盛裝艷婦，突然被人剝去了上衣，露出了骨瘦嶙峋的黑色枝乾，她拼命地在風中保護著自己的裙子，無奈秋風秋雨無情無義，紅色的葉子一片一片離她而去……看著光禿禿的樹枝，耳邊彷彿聽到了這樣的詩句：「多少人愛你青春歡暢的時辰，愛慕你的美麗，假意或真心，只有一個人愛你那朝聖者的靈魂，愛你衰老了的臉上痛苦的皺紋。」

在一個追求顏值的年代，顏值卻恰恰是最短命的，街口最早紅了的那棵楓樹，早晨路過的時候，只剩下一片紅葉，像是最後的一塊兒遮羞布，在風中滴溜溜地旋轉著，不忍離去，我不忍心看她淒淒切切可憐兮兮的樣子，只能撿了幾片楓葉，放在筆記本裏，算是記住了她紅極一時的美麗人生。

紅色變成了黑色變成了綠色，這個世界是一個五彩繽紛的世界。波斯詩人魯米說：「雖然我們被美麗環繞，但是常常需要走入花園才能認識到這一點。」幸運的是，我每天都在花園中走過，看樹，看花，看鳥，還看人。

橘子是不是唯一的水果

橘樹 Orange Tree

雖然古人說「一年好景君須記，最是橙黃橘綠時」，美景固然不可錯過，可是讀到芥川龍之介這篇《橘子》的時候，心裏說不清楚為什麼就呼啦啦地涌上了一股熱乎乎的暖流，鼻子酸酸的，橘子樹上結的橙黃色的果子不僅僅好看耐看，當外出打工的姐姐捨不得吃，送給了幾個前來餞行的弟弟時，帶著姐姐體溫的橘子已經不是一般的橘子了。

　　說到人生，不由得又穿越到了那一天，一身青衫，落拓江湖的屈原來到了汨羅江畔，戰國時代，風起雲涌，硝煙滾滾，憂國憂民的屈原深知秦王想要一統天下的野心，楚國如果不聯齊抗秦，只有死路一條，無奈昏君奸臣當道，沒人理會他的治國大略……這時江邊的一位漁夫看見了面容憔悴的屈原，他不解地問道：這不是三閭大夫嗎？您看上去愁眉苦臉的，為什麼跑到這兒來了？屈原答道這都是因為「舉世皆濁我獨清，眾人皆醉我獨醒啊！」漁夫聽罷勸他說做人要審時度勢隨波逐流就好，何必獨自清高，自找苦吃呢？屈原聽罷仰天放聲大笑，我全身的骨頭都是清清白白的，豈能陷入污泥之中同流合污，毀我

一世的堂堂正正，既然世人不能理解，只好以死明志，說罷縱身躍入波濤洶湧的汨羅江中。

　　年少無知時，從香港電影《屈原》中認識了屈原，當時覺得片中的插曲古樸典雅，如清風拂面，讓人耳目一新，居然就把歌詞背了下來：後皇嘉樹，橘來服兮；受命不遷，生南國兮；深固難徙，更壹志兮；綠的葉素的容，紛其可喜兮；嗟爾幼志，有以異兮，年歲雖少，可師長兮；蘇世獨立，橫而不流，秉德無私，參天地兮！直到後來才知道原來這首歌的歌詞就是取自中國最早的一首詠物抒情詩《橘頌》，是《楚詞．九章》中的一篇，當年屈原讚美橘樹的美德，生於南國，就深深愛戀腳下的這片熱土，永不遷徙，與世無求，無私地奉獻自己的果實，而且不在乎別人的風言風語，這種精神頂天立地，萬世永存。

　　如果屈原在天有靈的話，他一定會重寫《橘頌》，大聲責怪今天的橘樹，為啥沒守住自己，就氾濫全球了呢？其實這也怪不得橘樹，秋天的時候，帶著孩子們去附近的農場摘橘子，滿園歡樂的人們又有幾個會想到屈原的《橘頌》呢？我相信這裏的橘樹並不是屈原的橘樹，他的橘樹永遠

留在了生他養他的南國，留在了他熱愛的那片故土上。

　　光陰荏苒，時光流逝，《橘頌》離我們越來越遠，時間是這世界上最無情的殺手，我們遺忘，我們厭倦，我們變老，我們離去，我們尋找答案，我們身不由己……然而可悲的是，用歷史的眼光來看，我們之間沒發生什麼事兒，我們依然沒有找到出口或者歸宿。橘子可以吃，橘子可以溫暖人心，但是橘子不是唯一的水果，就像這世間沒有唯一的答案。

我不知道
你究竟是不是一棵樹

梣樹 Ash Tree

我的目光隨著父親手中的刨子劃過水曲柳的板面，一朵一朵輕盈的刨花兒不停地飄落下來，打了一個卷，匍匐在地上，不一會兒就形成了一片刨花兒的海洋，淡淡的棕黃色，上面有著美麗的花紋圖案，父親說水曲柳是做傢俬的上等材料，堅硬且不易變形，圖案紋理清晰，凡是想做木匠的人都喜歡水曲柳……小時候記住的事情總是難以忘懷，後來才知道梣樹原來就是我們叫做水曲柳的這種樹。

　　水曲柳不是一棵樹，而是一位尼泊爾男孩的名字。他個子不高，白白的皮膚，一頭黑色的卷髮，深陷的雙眼上那長長的睫毛，吸引著無數女人的目光。我和水曲柳在一起打工，並不特別熟悉，甚至不知道水曲柳是不是他真正的名字，出於對尼泊爾的好奇，我問過他許多尼泊爾和喜馬拉雅山的事情，記得他說過故事是故事，風景是風景，無論哪裏生活都還是生活。那時候，我總覺得這些外國的孩子好成熟，小小年紀就好像已經經歷了風風雨雨，能夠非常坦然面對生活中的一切，而我卻還像是一個沒有長大的孩子。

　　水曲柳不是一棵樹，而是英國和澳洲板球聯

賽的獎杯。說起來有趣，1882 年澳洲板球隊第一次在英國本土上戰勝了英國板球隊，英國男女老少一起哀鳴，一家體育報甚至為這事兒發了一篇幽默的訃告，說英國的板球隊已死，不如將他們火化後骨灰送到澳大利亞去算了。水曲柳在英文中還有灰燼的意思，於是英澳兩國的板球隊就把他們比賽的獎杯叫做「骨灰」，每年一月份的時候，就為了究竟是把「骨灰」帶回澳大利亞，還是把「骨灰」帶回大不列顛而大打出手，舉國上下，全民關注。其實我不太關心「骨灰」究竟去哪裏，常常覺得可笑的是那獎杯居然就真是倣照裝骨灰的罐子做的，據說裏面還裝了一個板球的真骨灰。

春天的時候，梣樹開滿了白色的花，沒有芳香也沒有艷麗，就綠綠地站在那裏。《小王子》裏說如果你愛上了一朵花兒，就會覺得漫天的繁星就像一朵朵盛開的花兒。我大概是愛上了某一棵樹，每寫一棵樹，就彷彿給自己留下了一個春天。

一個被上帝咬過的蘋果

蘋果樹 Apple Tree

在麵包片上塗上了一層綠色的牛油果，再放上兩片熏火腿，幾片綠菜葉和奶酪，一個簡單的三明治就做好了。從櫃子裏取出野餐籃子裝好餐具和毯子，我們就出發去果園摘蘋果。

也是秋天一個陽光燦爛的日子，果園裏的蘋果樹上沒有鷹，不過樹下也聚了好幾個人，他們手裏拿著籃子，墊著腳正想要摘高處碩果僅存的幾個紅蘋果，果園裏的蘋果樹沒有我想象中的那麼高大挺拔，手能夠到的地方，蘋果已經被人捷手先摘了，只是在樹幹高高低低的地方還能摘到幾個蘋果，每棵蘋果樹底下都散落了一些熟透的蘋果，有的已經開始腐爛，微風吹過，一股蘋果的清香撲鼻而來，我墊腳伸手摘下了一個大蘋果。

看著手裏皮膚光滑的大蘋果，一半兒紅一半兒綠，蘋果皮上面泛著一層自然的光澤，環顧四周，果園里根本不可能有蛇，上帝也好像沒在家，於是我就情不自禁狠狠地咬了蘋果一口，酸甜的果汁順著嘴角流了下來，咽進了肚裏，我用手背擦拭了一下嘴角，雖然什麼事情都沒有發生，就在那一瞬間彷彿理解了當年的亞當和夏娃。

許多年前還有一位美麗的小女孩，同我一樣也是吃了一口蘋果，不過她並沒有我這麼幸運，口蜜腹劍的繼母送給了她一個漂亮的紅蘋果，她咬了一口後就昏迷不醒，如果不是七個小矮人和白馬王子的友情相救，她可能就永遠也不會醒過來，這個小女孩的名字叫白雪公主。

無論是童話還是現實，無論是悲劇還是喜劇，蘋果好像總是頻頻出現在我們的生活中，那一年，牛頓躺在自己家果園的蘋果樹下睡覺，一陣風吹草動，蘋果從樹上掉了下來，砸在了他的頭上，沒砸壞他的腦細胞，反而砸出了靈感的火花，讓他發現了萬有引力定律，從此奠定了現代科學技術的基礎。被稱為計算機和人工智能之父的圖靈，也是先知先覺之人，無奈因為同性戀而被判罪，在孤獨和絕望之中，服毒自殺，他選擇的自殺武器是一個沾過了氰化物的紅蘋果。

這個被咬了一大口的紅蘋果是不是給了蘋果公司創始人喬布斯帶來了靈感已經不重要了，重要的是蘋果手機已經永遠改變了我們的生活，如今的蘋果已經不是果園裏單純的蘋果了，就連跳廣場舞的大媽們播放的音樂都變成了你是我的小

呀小蘋果。

　　我不知道你是不是我的小蘋果，但我印象中蘋果都是光滑而完美的，可能是我去超市比去果園的次數多的緣故，其實果園裏的蘋果什麼樣的都有，有的光滑，有的粗糙，有的圓一些，有的扁一些，這世界上恐怕根本就不存在完美無缺，越是完美無缺就越是讓人懷疑，如果說上帝創造了人類的話，那麼上帝也一定創造了蘋果。我咬蘋果，卻不知道自己原來早就被嘴饞的上帝咬過了。

我要在頭上插滿故鄉的花

橄欖樹 Olive Tree

景色如果甜美得膩人的話，那麼一定是秀色可餐，美人美景大都如此，一旦有了吃的慾望，往往能夠永遠銘記在心。

　　故鄉不見橄欖樹的踪影，對橄欖樹的認識是從橄欖蜜餞開始的，年少求學的時候，發現了墨綠色的橄欖蜜餞，常常買回幾粒，含在嘴裏，體驗那種甜得發膩的感覺，含到最後吐出橄欖核，那種甜蜜的味道一直停留在嘴角舌尖，久久不忍離去。所以印象中的橄欖一直是甜蜜的墨綠色，直到在附近的超市裏發現了裝在瓶瓶罐罐裏五顏六色的橄欖，才知道橄欖也可以是鹹的，也可以是綠色、紫色、紅色、黃色的。

　　偶然一個巧遇，讓我莫名其妙地喜歡上了一位澳洲同事的名字，他的姓是「親吻」(Kiss)，名叫「橄欖人」(Oliver 在拉丁語中是橄欖種植人的意思，在法語中是橄欖樹的意思)，不知道是什麼原因，「親吻橄欖人」在我腦海裏形成了一個栩栩如生美妙絕倫的形象，一位美麗的古希臘少女，白衣勝雪，素面朝天，悠閑地站在一棵雅典的橄欖樹下，輕啟紅唇，親吻著面前這位英俊瀟灑的橄欖人。

毫不誇張地說，整個古希臘的文明就是建立在這種並不起眼的橄欖樹上，他們崇拜的女神雅典娜，堅信美好的事物可以從一粒種子開始，所以她就在雅典種下了一棵橄欖樹，從此之後橄欖樹不僅為古雅典人提供了食物、木材和燃料，橄欖枝還是和平鴿銜來的美好願望，橄欖油還是塗在古希臘奧林匹克健將身上唯一的服飾，赤裸裸地在競技場上閃閃發光，戴在冠軍頭上的桂冠也是帶著原野清香的橄欖枝葉編織的花環……難怪後來聯合國的徽標裏也有象徵和平和希望的橄欖枝。

在超市的貨架上拿下了一桶橄欖油，眼前已經沒有了古希臘的競技場和那甜美得膩人的橄欖樹下美景，不遠處等待著我的是熙熙攘攘的交款處，不過我的腦海裏還有一首無法忘卻的歌謠：「不要問我從哪裏來，我的故鄉在遠方，為什麼流浪，流浪遠方……為了山間清流的小谿，為了夢中的橄欖樹」，三毛夢中的橄欖樹究竟在哪裏呢？是在荷西的家鄉，還是在她自己的故鄉？我們為什麼一定要奔赴遠方？我們為什麼一定要浪跡天涯？

於是我拎著橄欖油桶，抱著橄欖鹹菜罐，沒有橄欖枝花環也沒有和平鴿，邁著倣古希臘奧運冠軍的步伐，昂首挺胸地向交款處走去，因為我也要在頭上插滿故鄉的花。

等你果殼裂開時的
那一點聲響兒

栗子樹 Chestnut Tree

吃過無數次糖炒栗子的我，居然一直不知道栗子是長在栗子樹上的。記得那年第一次進藍山裏採栗子，是一個霧氣濛濛細雨紛飛的日子，霧靄籠罩著大地，遠遠望去，一排排的栗子樹就像是穿上了白霧隱身衣，只露出了一隻腿直直地站立在綠綠的草地上。

我喜歡樹上那些一團團綠色的小絨球，不知道是什麼時候裂開的，反正張開嘴的就能看見裏面深棕色的栗子，戴著手套就可以把栗子從裏面摘出來，雖然不是火中取栗，可也覺得好像是口中奪食，剩下的空殼可憐兮兮地張著嘴巴，好像是在等待著什麼，又像是一朵朵盛開的花瓣，過不了多久就會隨風而落。

這世界上最負盛名的栗子樹大概就是安妮·弗蘭克日記中所記載的那棵，當年躲避納粹的她困在閣樓中，透過窗戶只能看見院子裏的那棵栗子樹。可惜的是，安妮沒有等到世界變好的那一天，這棵開滿花的栗子樹見證了世間的滄桑歲月，無奈卻躲不過 2010 年的一場狂風暴雨，雨過樹倒，留下了滿滿一地栗子。

有種子就有希望，就像有栗子就一定會有栗

子樹一樣。安妮曾經說過：「只要能看到這陽光，這無雲的天空，我就不可能不幸福！」荷蘭安妮基金會決定把這些栗子送給世界各地的小學校，希望將來長出來生機勃勃的栗子樹能帶著安妮的精神在世界各地開花結果。我沒有見過栗子樹開花是什麼樣的，只能希望那是一種美麗的白花，一種希望之花。

　　我不知道這輩子是否還能見到開滿鮮花的栗子樹，我卻知道安妮再也看不見太陽，看不見無雲的天空了。人生是否可以重頭再來？希望會不會變成失望？等待會不會變成永恒？相遇是不是就意味著離別？世界會不會越變越好？無論世事如何變遷，盡管我們知道再無任何希望，我們仍然期待，期待著稍稍一點兒動靜，稍稍一點兒聲響，就像等待栗子樹上果殼裂開的那一點兒聲響一樣。

桃花是否依舊笑著春風

桃樹 Peach Tree

當我扶著果園裏碩果纍纍的桃樹的時候，周圍卻沒有一個人，更沒有人對我說：「噢，你也在這裏嗎？」一起來的同伴們都拎著塑料桶，熙熙攘攘地拼命趕著摘桃子去了。我無心多摘幾個桃子，落在人群後面，只想趁機體驗一下陶淵明筆下「忽逢桃花林，夾岸數百步，中無雜樹，芳草鮮美，落英繽紛」的驚喜心情，果園裏的桃樹雖然也是一排排綿延不絕，卻沒有看到桃花盛開落英繽紛的樣子，滿眼裏剩下的就都是黃裏透紅的桃子，不知道這裏的桃樹跟《桃花源記》裏記載的桃樹是不是一樣的，天下不一樣的桃樹，會不會開著一樣的桃花呢？

那是一個桃花盛開的季節，大觀園泌芳亭的桃樹下，一位美玉無瑕的少年正在津津有味地讀著《西廂記》，春風得意，鳥語花香，沉浸在書香中的他沒有注意到，一位多愁善感的閬苑仙葩正用花鋤荷了一個裝著桃花花瓣的錦囊要來桃樹下葬花。不早不晚，他們兩個人才是今生今世注定要在桃花樹下相遇的人，無論是幾千年還是幾萬年的輪回，他們見面的時候都會問一句：「噢，你也在這裏嗎？」無論是同讀西廂，還是一起葬花，

他們都心有靈犀一點通，在這個世界上不僅僅讀懂了桃花也真正讀懂了彼此。

桃花美艷芬芳，可入詩可入畫，難怪黛玉會別出心裁地把大觀園中的姐妹詩社從海棠社改為桃花社，而且還寫了一首《桃花行》的詩：「桃花簾外東風軟，桃花簾內晨妝懶。簾外桃花簾內人，人與桃花隔不遠。」寶玉讀了這首詩竟然發了呆，他知道這就是林妹妹在寫她自己，一時竟悶悶不樂起來。看來詩情花意，只能留給讀懂了的人。冷眼旁觀的張愛玲更願意把桃花入畫，在她的筆下任何人的人生都可以畫成一幅一幅濺上了鮮血的桃花扇。

桃樹，桃花，桃花扇，也許黑塞是對的，他在一首詩裏說桃樹上面開滿了花，但不是每朵花都結果。在果園裏，我彷彿看到了滿樹桃花盛開的樣子。

透進生活中的幾縷陽光

山毛櫸 Beech Tree

當簡‧愛為了躲避羅切斯特先生而在長滿了高高大大的山毛櫸花園裏漫步的時候，她說這裏好像是伊甸園。我拿出了字典，查到了山毛櫸這個單詞，不過那個時候，我並不知道山毛櫸究竟是一種什麼樣的樹，為什麼總是在書裏出現？

　　感覺好像是很普通平凡的一種樹，隨處可見，毫無新奇之處，不過這個有趣的名字卻留在了記憶深處，就像其貌不揚的簡‧愛，並沒有因為自己的相貌平平，也沒有因為自己的地位卑微，就喪失了追求平等愛情的勇氣。她理直氣壯地對這個世界說：「即使是對我這樣的人來說，生活中也畢竟還有幾縷陽光呢！」

　　再次見到山毛櫸，是在霍比特人迎接挑戰的叢林中，那棵名叫希利瓏，有著三支巨乾的大山毛櫸常常浮現在我的眼前，前途未蔔，世事難料，這些身材矮小的霍比特人究竟憑什麼去戰勝強手如雲呢？他們是否也會像菲利普那樣捫心自問：「我有時候問自己，為了一個夢，犧牲自己的幸福是否值得。那只是個夢，不是嗎？」

　　秋天的時候，生長在南方塔斯馬尼亞的山毛櫸，葉子會變得金黃黃的一片，彷彿給搖籃山穿

上了一件黃馬褂兒，葉子上的條紋好像是刀切斧砍一般，給人印象深刻。熱愛植物的黑塞曾經親自品嚐過山毛櫸的滋味，他品嚐之後如是說：「我嘴裏這會兒嚼的是新折的一根山毛櫸樹枝，味道苦人，卻散發著香氣。」我願意相信他的話，只是不知道這裏的山毛櫸是不是同他咀嚼的山毛櫸是一個品種，如果我也咀嚼一下，舌尖上的滋味會是什麼呢？苦澀清香？

　　生活有時候很奇怪，就像漫步山毛櫸叢林之中，有時候會透進幾縷陽光，有時候滋味苦人，卻散發著清香。其實不用為了幸福而犧牲夢想，也不必為了夢想而犧牲幸福，我總覺得有了夢想才會幸福。霍比特人走出了家園，才看到了外面更廣闊的世界，夢想和幸福只能在活色生香的生活中實現和享受。

　　按照聲名顯赫的普魯斯特的說法，真正的生活到最後都只是一部文學作品，我想我的生活應該是一部裏面有許多山毛櫸的文學作品。

那一塊瑪德琳蛋糕的味道

糖木樹 Sugarwood

一塊小小的瑪德琳蛋糕，引起了普魯斯特對自己童年往事種種事無巨細的回憶，他通過蛋糕想告訴我們的是：回憶是有味道的，正是各種各樣舌尖上的味道讓我們無法忘卻毫不留情的似水流年。

　　讓我想起童年的味道不是法國的瑪德琳蛋糕，而是中國的酒釀，鄰居家從南方帶回來的酒釀，有一種腐腐的甜蜜，我端著瓷碗，拿著羹匙，一大口一大口地吃下去，淡淡的酒香和桂花的香味在嘴裏瀰漫開來，一會兒功夫就見了碗底兒，這味道讓我想起了童年在筒子樓裏度過的每一個清清淡淡的日子。

　　如果不是因為味道獨特，糖木樹幾乎沒有什麼可寫之處。尤其是在森林大火之後，整個林子裏就會瀰漫著糖木樹類似檀香的自然幽香，撲鼻而來的香氣，使人清心淨念，心生美感。糖木樹另外一個奇妙之處就是樹皮裏還能分泌出一種類似糖漿的液體，澳洲土著用這種液體粘結樹枝和樹葉，在林中建成了又香又甜的小木屋。雖然小木屋經不起風吹雨打，也沒有什麼富麗堂皇，可是我的腦海裏總是浮現出這樣一幅溫馨浪漫的畫

面：圍著篝火團團而坐的一家人，烤著羊肉伴著美酒，周圍瀰漫著淡淡的香甜，有說有笑地共度良宵……這很符合我心目中家的模樣，更何況是在又香又甜的小木屋裏呢？

樹有味道，家也有味道，童年有味道，心情也有味道，最著名的心情味道大概就是那種人人經歷過的「少年不識愁滋味，為賦新詞強說愁」的憂傷之愁；或者是那種「剪不斷理還亂，別是一般滋味在心頭」的離別之愁；愁的滋味是苦澀的，因為我們永遠無法把握時光流逝，而且不是每一個人都可以像普魯斯特那樣追憶逝水流年。

我有時會渴望回到那個可以品嚐百草，吃樹葉野果的年代，花香草香樹香果香就不僅僅是單純的文字，而是我生命中的種種滋味，裝在瓶裏，可以聞味兒，可以品嚐，也可以追憶，伴我一起遊戲人間。

瑪德琳蛋糕，酒釀，糖木樹香，愁滋味……這一切的一切都是人間的煙火味，都是千絲萬縷的親情和牽挂，這也是有時候讓我一想起來就淚流滿面的緣由。

紅耳朵也可以相思

猴耳環樹 Scarlet Bean Tree

剛看到這種樹的英文名字時，心中竊喜，以為是找到了紅豆樹，因為 Scarlet 是紅色，Bean 是豆子，加在一起正好是「紅豆」，馬上想起王維的「紅豆生南國，春來發幾枝，願君多採擷，此物最相思。」順著這個路子寫下去，就可能是一篇兒女情長的愛情故事……可是仔細一看，原來猴耳環的豆是一群披著紅皮的黑豆，不是紅豆也就罷了，中文的名字居然叫猴耳環？

　　腦子裏得有多大的黑洞才能想出這樣的名字呢？彎彎曲曲的豆莢從外形上看，的的確確像是女人的耳環，可是這個猴子是從什麼地方出來的呢？難到孫悟空的後代跟他一樣都是從石頭裏蹦出來的？猴耳環樹是澳洲熱帶雨林中的一種獨特樹種，主要分布在昆士蘭州的東北部，樹高可達 20 米，每年九月至次年三月開花結果，可是她的花期很短，只有一天的時間，花落花開，猴耳環就慢慢長出了綠色的豆莢，長啊長啊，直到有一天綠色的豆莢變成了火紅的顏色，於是滿樹就掛滿了紅色的猴耳環，然後耳環爆裂，黑色的種子落入大地的懷抱之中，生根發芽，循環往復。

　　紅色的猴耳環中的這個「紅」字，不知道為

214

什麼讓我想到了霍桑的《紅字》，因為英文都是用了「Scarlet」這個詞，確切地說這種紅色是「猩紅色」，在霍桑的小說中是罪惡的象徵，海絲特與牧師相愛生下來私生女，被當眾羞辱，胸前衣服上一個大大的猩紅字母 A 字將陪伴她的一生，即使如此海絲特也發誓不說出誰是孩子的父親……牧師卻痛苦不堪，他沒有勇氣承認自己就是私生女的父親，牧師的黑衣下掩蓋著他胸前的紅字，直到最後他忍受不了良心的折磨，以死謝罪，終於承認了自己就是同海絲特一樣的「罪人」。

多年後海絲特回到了波士頓繼續生活，一直到死都戴著胸前的紅字，死後她被埋在了牧師的墓地旁，墓碑上刻著：「一片墨黑的土地，一個血紅的 A 字。」霍桑的《紅字》講的是人類的原罪，道德是一把雙刃劍，當我們站在道德的制高點指責別人的時候，別忘了我們自己身上也有別人看不到的紅字和污點。

當亞當和夏娃被趕出伊甸園後，在上帝面前我們都是有罪之人，理解人性的弱點，將心比心，才是一切善良之本。紅黑本無過，無論是黑皮紅心，還是黑心紅皮，我們還是讓紅色的猴耳環在自己的伊甸園裏無憂無慮地生活吧。

望斷天涯路

羅望子 Tamarind Tree

無緣無故，這個羅望子的名字讓我想起了中國古詩詞的詞牌名，你知道的：什麼何滿子，破陣子，採桑子，南鄉子……中國古代的詩詞原來都是可以配樂演唱的，詞牌名其實就是歌曲的名稱，文人墨客按照各種不同的曲調進行填詞大賽，什麼平平仄仄平平，仄仄平平仄仄五次三番之後，手撫瑤琴就能演唱出來，怪不得有人說大唐盛世之時，楊玉環和李隆基就是當時赫赫有名的天皇巨星，他們的羽衣霓裳舞曲配上朗朗上口的唐詩，在長安梨園上演之時就是萬人空巷之際。

　　我相信每個詞牌名後面都有一個動人心絃的故事，就拿《何滿子》來說，傳說唐朝開元年間，有一個叫何滿子的歌女，色藝出眾，絕代風華，不知是什麼原因惹上了官司，在京城長安被判死刑，臨刑前監斬官問她還有什麼最後的要求，歌女說別無他求，只想在告別人世之前唱一首歌，監斬官覺得唱一首歌兒出不了什麼大事兒，就同意了她的要求，沒想到何滿子的滿腔悲憤，一身冤情，從她婉轉悲哀的歌聲中噴涌而出，她的歌聲令人肝腸寸斷，天昏地暗……一曲唱罷，聖旨

駕到，皇上特赦免去了何滿子的死罪，原來是宮中監斬之人見何滿子才華橫溢，殺了可惜，於是上奏懇請皇上免她不死……從此《何滿子》成了人間悲歌的代名詞。

雖然我不會填詞作賦，但是我十分喜歡這些詞牌名，時至今日，從《破陣子》中，我彷彿還能聽到金戈鐵馬，氣吞萬裏的萬丈豪情；在《採桑子》裏，我依稀可見和風細雨，千裏水鄉泛舟採蓮的水墨江南；品讀《南鄉子》之時，依然能深深感受到新月如眉，夢斷關山路的思鄉情懷。

那麼羅望子呢？羅望子，她只是一棵樹，俗名酸角，主要生長在非洲熱帶地區，後來傳播到世界各地，其果實可以食用，也可以藥用，澳洲有人用酸角做成果醬，酸甜可口，深受人們喜愛。澳洲的羅望子品種很多，感覺好像同中國的酸角長得不太一樣，中國的酸角長得像是棕黃色的豆角挂在樹上，而澳洲的酸角都是三瓣果，裏面的種子要麼紅色要麼黑色，主要分布在昆士蘭的東北部熱帶雨林中。酸角的長相如何，我並不在意，腦子裏一直在想，如果《羅望子》也是詞牌名的話，那麼又應該有一個什麼樣的故事呢？

據說澳洲的羅望子都是早期來澳洲淘金的印度尼西亞人和馬來人種植的，他們的孩子從小伴著羅望子一起長大，知道哪一棵樹上的酸角甜，哪一棵樹上的酸角酸，看著羅望子，他們彷彿回到了自己家鄉，酸角的滋味大概就是家鄉的味道，心目中《羅望子》填寫的應該是一首隔海望鄉之曲。說到望鄉，又想起了日本電影《望鄉》之中那些被賣到南洋淪為妓女的阿崎婆們，她們立在南洋墓地裏的墓碑都衝著一個方向，那個方向就是她們家鄉的方向，她們夜深人靜之時，也一定是唱著她們的《羅望子》，吃著她們的酸角，盼望著回到自己的家鄉。

　　無論是哪個國家的人，無論是哪個朝代的官，故鄉總是我們內心最溫柔的琴弦，一顆酸角，一折柳枝……睹物思人，何人不起故園情呢？

逃避不是一條出路

墨欖果 Emu Apple

不知道為什麼中文的名字叫墨欖果，大概是取其顏色和形狀，其色深紫如墨，其型圓滑如橄欖，典型的中國大寫意手法，而英文卻是擅長白描，開門見山，明明白白地告訴你，鴯鶓加蘋果嘛！

　　這種鴯鶓蘋果樹是澳洲獨有的品種，大部分生長在東部乾旱的內陸地區，這裏也是鴯鶓們喜歡生活的地方，當然這並不是把這種果子起名叫鴯鶓蘋果的緣由，鴯鶓蘋果可以食用，是澳洲土著人的叢林美食，據說鴯鶓蘋果果熟落地之後，如果不是饑不擇食的話，最好把這種果子埋在地裏放幾天，然後拿出來吃會更有味道，有人還說這種果子吃多了的話，會讓人產生幻覺。

　　鴯鶓是跟鴕鳥類似的一種鳥，長得像孿生兄弟，但的的確確不是一家人，都是會跑不會飛的鳥，傳說中的鴯鶓遇到危急情況同鴕鳥一樣，也是把頭埋在沙土裏，以為眼不見心不煩，可以轉危為安……把果實埋在土裏跟鴯鶓把頭埋在沙子裏有些雷同，鴯鶓蘋果大概就是根據這個典故命名的吧。

　　長久以來，人們都認為鴯鶓和鴕鳥受到了驚

嚇會把頭埋在沙子裏以逃避危險，也由此引申出「鴕鳥政策」這個詞語，比喻遇到問題不是積極面對，而是消極逃避、自欺欺人的做法，鴕鳥作為愚蠢的象徵早在聖經《舊約》中就有記載，不過最早明確描述鴕鳥行為的人，則是生活在公元23-79年間的羅馬思想家普林尼，他在自己的書中寫道：「（鴕鳥）認為當他們把頭和脖子戳進灌木叢裏時，他們的身體也跟著藏起來了。」

後來傳來傳去，居然變成了鴕鳥把頭埋在沙子裏，這簡直就是一個千古奇冤，其實鴯鶓和鴕鳥根本不可能把頭埋在沙子裏，在沙子裏喘不上氣來，早就憋死了，動物求生的本能也不允許它們把頭埋在沙子裏，那麼如果遇到危險情況它們究竟怎麼辦呢？同我們一樣，打不過人家，撒丫子就跑是它們的拿手好戲。

鴯鶓和鴕鳥還有另外一個特徵，那就是它們只會向前跑，而不會後退，因為這個原因鴯鶓被澳洲用在了國徽上，象徵澳大利亞這個年輕的國家勇往直前，絕不後退的決心。

鴯鶓蘋果也罷，鴯鶓鴕鳥也罷，我們人類對世界的認識存在許多缺陷和誤解，也許人類高於

動物和植物的地方是我們擁有話語權，但是如果總是用我們自以為是的目光來看待這個世界的話，世界也許會因此而失去了本來的面目。

柿葉翻紅霜景秋
碧天如水倚紅樓

柿子樹 Persimmon Tree

柿子原產於中國和亞洲一些國家，李時珍的《本草綱目》中就有這樣的記載：柿，樹高葉大，圓而有光澤。四月開小花，為黃白色。結的果實為青綠色，八九月才成熟。柿子種類繁多，有紅柿，黃柿，朱柿之分。

　　柿子樹在世界各地都有種植，每個國家的柿子品種也有所不同，柿子的名字更是千奇百怪叫什麼的都有，最有趣的是希臘人稱柿子為荷花果，他們認為這種柿子就是荷馬史詩《奧德賽》中所說的荷花。小時候經常都是吃柿餅，很少吃新鮮的柿子，直到幾年前去果園摘柿子，才嘗過新鮮的柿子，果然清香可口，吃兩個就飽了，也從此認識了柿子樹。

　　幾天前在去火車站的路上，路過一家小院，看到院子裏的柿子樹上結滿了黃色的柿子，清風拂面，秋意更濃，想去拍兩張照片，無奈庭院深深，不認不識，不便打擾，只好悻悻離去。

　　穿越幾千年，回到古都長安，此情此景彷彿就在眼前，在長安城東北角的長樂坊裏是著名的安國寺，寺裏的一座朱紅樓閣引人注目，這裏就是僧人廣宣的住宅，廣宣和尚善於詩詞，深受皇

225

上恩寵，賜住在紅樓院內，他的朋友有韓愈、李益、白居易等文人墨客，可謂談笑有鴻儒，往來無白丁。

那一天詩人李益來訪，不巧廣宣和尚出門了，他在門外看到了滿院的柿樹上碩果纍纍，樹葉被秋霜打過，在藍天白雲之下顯得格外妖艷，紅樓、柿葉、碧雲、藍天，詩人見不到友人的掃興之情立馬兒煙消雲散了，他讓隨從拿出筆墨，提筆給廣宣留下了這樣的詩句：「柿葉翻紅霜景秋，碧天如水倚紅樓。隔窗愛竹有人問，遣向鄰房覓戶鉤。」寫罷，李益遊興未盡，居然讓隨從去鄰居家要來廣宣和尚寄放在那裏的鑰匙，因為他又隔窗看到了院子裏的翠竹，嬌紅翠綠，秋色宜人，如此美景怎能放過，一定要進院子裏看得清清楚楚才肯罷休……如今柿子依然香，紅樓卻安在？

羨慕李益和廣宣的友情，可謂心有靈犀一點通，廣宣知道可能會有人來訪，走時不忘留下鑰匙和滿園美景，李益心領神會，吟詩作賦，不辜負秋色浪漫。正所謂：人之相識，貴在相知；人之相知，貴在知心。

長生果的命運如何

花生樹 Peanut Tree

以我有限的植物學知識，還知道花生是長在地底下的，再熟悉不過的就是那個「麻屋子，紅帳子，裏面住個白胖子」的謎語，好像花生跟樹除了都是從土裏長出來的以外，沒有任何雷同的地方，但是這種生長在昆士蘭熱帶雨林中的樹又為什麼叫花生樹呢？

花生樹身高五至十米，算不上身材高大，不過她的果實十分引人注目，在澳洲每年十一月份至來年的一月份時開花結果，果實成熟後就變成了橘紅色，然後自然裂開，裏面有八個黑色的種子，據說這種黑色的種子可以吃，味道同花生類似，故名花生樹！原來如此，這可真是一個時時刻刻顛倒我們認知的世界，我一直以為花生是紅紅帳子裏的白胖子，西安之行，吃到了黑花生，知道了原來有時候白胖子也住黑帳子，現在看來花生也可能長到樹上，而且居然變成了黑胖子。

大概是我的想象太瘋狂，查了一下這種樹的拉丁名字，是四裂梧桐科的一種，我理解就是果子會四分五裂的一種樹，不過說到花生，不禁讓我想起了曹雪芹的《紅樓夢十二曲——虛花悟》裏的一句話：「聞說道，西方寶樹喚婆娑，上結著

長生果。」我們中國人把花生也叫長生果，曹雪芹在《紅樓夢》裏說西方寶樹上面結著長生果，如果單單從字面上理解，我覺得這種西方寶樹就是花生樹，上面的長生果就是這種裂開果殼的黑胖子了⋯⋯聽了我的這種歪批紅樓，曹雪芹的在天之靈一定輾轉反側，無可奈何，紅學家們也會皺著眉頭說一派胡言，簡直是無稽之談。

不過我們都不是曹雪芹腦子裏的蟲，他的寶樹究竟是菩提還是桂樹，長生果究竟是人參果還是落花生，只有他自己最清楚，我們只能根據書中所寫進行合理的推理而已，對《紅樓夢》沒有研究，西方寶樹就是花生樹純屬信口開河，不可當真。

花生叫長生果，那麼以此類推，花生樹也可以叫長生果樹，望文生義，樹叫什麼名字並不重要，其實我們最想要的是長生不老，人終有一死，不死而永生是一個巨大的誘惑，可是如果每天都像電影《今天暫時停止》（Groundhog Day）裏那樣日復一日，年復一年，這樣的長生不老還有什麼意義嗎？

別誤會，我同所有的凡夫俗子一樣，渴望永

生，渴望不用學歷史，就秦磚漢瓦唐詩宋詞如數家珍款款而來……可惜可嘆這世上的的確確沒有長生不老的靈丹妙藥，我們命名多少長生果樹，吃多少長生果，都依然會一天天走向死亡。既然生死有命，不如坦然面對，珍惜今天的時時刻刻，古人說百年那得更百年，今日還須愛今日。用一句流行的話說就是：願有歲月可回首，且以深情共白頭。

本來無一物，何處惹塵埃

框檔樹 Quandong Tree

看到這個樹名，感覺特別像是漢語拼音，以為這肯定是一種產於中國的樹種，南遷到澳洲才留下了這個名字，後來仔細查找才發現框檔樹（又譯框東）是地地道道的澳洲樹種，框東這個名字是根據當地土著人的發音而命名，樹上的果實叫框東果又名野桃或者沙漠野桃，框東樹主要生長在澳洲的中部沙漠地區和南澳，身高五至六米，春夏季節開花結果，果實有紅色的，黃色的和藍色的幾種。

據說在南澳四千萬年前的化石裏，就發現了框東果的蛛絲馬跡，框東果一直都是澳洲土著人的叢林美食，果實可以吃，也可以做成果醬，還可以藥用，木材可以做傢俬……不僅人可以吃框東果，澳洲的鴯鶓也非常喜歡吃框東果，常常同人類爭搶，看來還得手疾眼快才能吃上。

框東果最大的一個特點是可以冷藏八年，而果肉不會變質，澳洲的科研機構也一直在努力讓這種果子走入千家萬戶。本來框東果只想相安無事地呆在澳洲，一心一意做一個安安靜靜的美男子，沒想到他的果核卻的的確確在遙遠的中國引起了一場不小的風波，喜愛文玩的朋友都知道，

框東果的核長得非常像菩提子，許多人誤認為這種樹是澳洲的檀香樹，或者是印度的白檀香樹，做成手串或佛珠價值非凡，一時間市場上魚龍混雜，是非難辨，後來幾經波折，終於把框東果命名為佛螺菩提，價格回歸，不再有人炒作了。

　我不懂佛教，不懂得佩戴佛珠和手串的重要性，也不知道手串佛珠的價錢，更不想妄評佩戴佛珠手串的人們，但我始終認為任何信仰都是心中有就有，心中無就無，如果心中有佛，心中有善，萬事皆空，不佩戴任何東西，也能立地成佛。如果心中沒有佛，心中沒有善，即便是價格昂貴的佛珠手串，佩戴在手上身上又有什麼用呢？正如惠能大師所說：菩提本無樹，明鏡亦非台；本來無一物，何處惹塵埃。

味覺也是有記憶的

楮桲樹 Quince Tree

在街頭小花園裏第一次遇見榅桲樹的時候，枝頭開滿了紅色的花兒，當時的感覺是沒想到一棵矮樹開花還挺驚艷的，不開花的時候真是其貌不揚，就孤伶伶地在籬笆牆附近站著。

春去秋來，再去小花園，這一次看到了樹上結的黃色榅桲，會畫畫的朋友說這種黃色就叫榅桲黃，大名鼎鼎的梵高在 1887 年就畫過一幅靜物油畫，畫名就叫《榅桲》，這幅油畫現在收藏於德累斯頓國家藝術館內，價值連城。

經過一番仔細查閱，發現榅桲這種水果的主要產地包括土耳其和中國新疆，但其實世界各地都有引進和種植。榅桲因其獨特的果香和口感，越來越受到人們的喜愛。在中國，榅桲也被俗稱為「木梨」，它屬於薔薇科植物，果實為黃色，表面有一層薄薄的絨毛，形狀上有點像梨，但稍顯粗糙。榅桲的果肉非常硬，即使完全成熟時也不易生吃。榅桲更常被用來製作各種美味的食品，尤其是果醬。

有了這個念頭後，便在油管上查找了如何製作榅桲果醬的視頻教程。去超市買了幾個榅桲，按照步驟一步步操作後，居然做出了一份味道不

錯的榅桲果醬，質地細膩，顏色也非常漂亮。榅桲果醬的色澤是一種淡淡的粉紅色，非常誘人。果醬不僅可以直接吃，還可以將其塗抹在麵包上作為早餐的一部分，風味獨特。同時，榅桲果醬還可以融入到其他美食中，像在酸奶或冰淇淋上加一勺果醬，增添了額外的酸甜口感和香氣。榅桲果醬也可以用來衝水，當作一款熱飲，溫暖又滋潤。

榅桲除了做果醬之外，還有一種傳統的新疆做法，就是將榅桲作為配料，加入到抓飯中一起烹煮。榅桲的果香能夠為抓飯增添一份特別的清香，使得整個菜肴的風味更加豐富。做完果醬後，這也成了我接下來的計劃，打算親手嘗試一下這種獨特的新疆美食。

榅桲的味道可以說非常特別，有人認為它像菠蘿，但我覺得它的口感更接近蘋果和梨的融合。它既帶有蘋果的酸度，又帶有梨的甘甜，甚至還帶有一點兒淡淡的花香，使得榅桲這種水果的味道在記憶中總是特別的難以忘懷。榅桲獨特的香氣在烹飪過程中會散發出來，尤其在果醬的製作過程中，這種香氣變得更加濃郁和誘人。

味覺也是有記憶的，嘗了一口就想起來這種熟悉的味道。從前去果園摘果子的時候，買過榅桲果醬，彷彿這味道將時光拉回到了從前，甜蜜而溫馨。

月落烏啼霜滿天

烏桕樹 Chinese Tallow Tree

鄰居家的貓總愛隔著窗戶與我對視。我推開門想近距離看它一眼，可它卻警覺地一溜煙跑了，只留下一個灰色的背影在角落閃過。院子裏的小蜥蜴倒是不怕人，這幾天到處氾濫，總是神出鬼沒地在各種縫隙裏探頭探腦，爬來爬去。它們玩得興起時，稍一不慎就成了黑頭礦鳥的盤中餐，在這片小小的庭院裏，上演著生生不息的自然法則。

　　趁著陽光溫暖，去超市買了些無花果和青菜回來，拌了盤涼菜。沒有加任何調料，僅用幾片喜馬拉雅山的乾花稍作點綴，便覺得無花果那淡淡的香甜與青菜的自然清爽相互襯托，簡單卻別有一番風味，清新純粹，似乎從味蕾到心間都感受到一股自然的氣息。

　　路上，看到幾棵烏桕樹。它們零星的幾片葉子已開始泛紅，標誌著秋意的來臨。路過烏桕樹的那一刻，不由得想起古老的《楓橋夜泊》。傳說中，唐代詩人張繼因落第而心情鬱鬱，一夜飄泊在姑蘇城外的楓橋之畔。月光如水，映照在烏桕和楓樹之間，河面上微波盪漾，周圍瀰漫著秋夜的清冷，就在這靜寂之中，詩人忽聞遠處傳來一

聲聲悠長的鐘聲，空靈卻又充滿人間的悲憫。那鐘聲穿透夜色，化解了張繼心中的孤寂與哀愁，觸動了他內心深處的詩意。據說，那晚的鐘聲不僅治愈了他的失意，還成為了他創作《楓橋夜泊》的靈感：「月落烏啼霜滿天，江楓漁火對愁眠。姑蘇城外寒山寺，夜半鐘聲到客船。」他將一夜的愁緒與秋景融為一體，借助詩句將一幅淒美動人的夜泊圖展現給後人，成為千古傳誦的名篇。

烏桕樹上結滿了綠色的小果子，雖然有毒不能吃，但人們可以用它來榨油或製作蠟燭。烏桕原產於中國的江浙一帶，是江南秋景中不可或缺的一抹亮色。記得魯迅和他的弟弟周作人都曾在文章中寫過這樹。年輕時，我崇拜魯迅那種「橫眉冷對千夫指，俯首甘為孺子牛」的萬丈豪情，總覺得這才是人生的氣魄和意義。而如今，卻更喜歡周作人那種描寫日常生活的文字，那種平靜悠然的態度讓我倍感共鳴。

周作人曾這樣寫道：「我們看夕陽，看秋河，看花，聽雨，聞香，喝不求解渴的酒，吃不求飽的點心，都是生活上必要的。」這份對生活細節的珍視與熱愛，令人動容。他的字裏行間散發出一

種溫柔的力量，讓人不禁沉浸其中。生活的本質，或許就在於不求轟轟烈烈，而是在每個清晨、每個傍晚，擁抱那些再平常不過的美好。看夕陽西沉，秋夜靜謐如水，花香縈繞耳畔，這些看似平凡的體驗，卻讓生活顯得格外豐盈而溫暖。正如周作人所說：我所愛的還只是平常。

松鼠捨不得的寶貝

櫟樹 Oak Tree

記得小時候參加過「憶苦思甜」的活動，似乎還嘗過一次父親從大學食堂帶回來的橡子面窩窩頭。這種用橡子粉做的粗糧，記憶中是深棕色的，粗糙樸素。但年頭太久，味道早已淡忘，想不起它是甜是苦，只隱約記得那種乾澀的口感。要是好吃的話，想來味覺也該記得更清晰才對，畢竟美味總是令人難忘。

　　一次散步時路過一棵大樹，有鋸齒形狀的葉子，看到樹上結滿了圓滾滾的果實，形狀倒也挺有趣。正拍照間，身旁一位熱心的大叔走過來，指著果實告訴我:「這是 Ginkgo！」我一愣:「哦，是嗎？」但心裏又隱隱覺得不對勁，Ginkgo 是銀杏啊，這果子怎麼看都不似銀杏果。站在樹下細細琢磨，只覺得特別眼熟，但當時卻怎麼也想不起來。直到回家後上網一查，果然不是銀杏，而是橡果——原來是動畫片《冰河世紀》裏的松鼠一直抱著不捨得放下的那顆「寶貝」。動畫裏的橡子形象讓人忍俊不禁，略誇張卻真實，甚至帶著幾分頑皮。雖然眼前的果實和動畫中有所差別，但那種形態的確像是同類，看來看電影也有點用處，不是「學以致用」，倒是「看以致用」了！

這棵樹帶給我兒時記憶裏模糊的橡子面窩窩頭，帶我從眼前的果實一路穿越到動畫片中的小松鼠，橡子面是從前人們在物資匱乏時的主食之一，那時候橡子面窩窩頭是一種填飽肚子的粗糧，後來漸漸被豐盛的精糧所取代，成了記憶裏的象徵。如今再次回想起橡子面，似乎與那份樸素的童年滋味重合了，它不再只是苦澀的主食，更像是舊時的時光饋贈。

　　這種聯想讓我想起了紀德的那句名言：「關鍵是你的目光，而不是你目睹的事物。」那種對橡子的辨識其實是一種目光下的記憶，它能讓人從不同的生活片段裏提取共鳴。目光所及的事物或許早已過去，但它能喚起我們對往事的思考與追憶。或許我今天在橡子樹下的駐足，遠不僅是因為一顆果實，而是因為一種想要在現代生活中重新發現童年記憶的渴望。我站在樹下凝望著橡子，想到兒時的一口窩窩頭，想到動畫裏小松鼠的執著，這些元素在記憶中交匯、盤旋，像是心頭的一場短暫電影，溫暖而真實。

　　也許，這就是目光帶來的意義。它讓我們不只是觀察眼前的事物，而是借由這些事物去觸發

內心更深的情感。橡子的存在在不經意間成為我的小小聯結點，將年少的記憶、成人的感悟串聯在一起，這種微妙的感受讓我對生活產生了更深的理解與感激。

　　或許正是這份目光，使我能從簡單的場景中看到故事，從平凡的事物中體驗到奇妙的意義。生活中的每個小細節都在等待我們去發現，去連接，去重溫。世界之所以精彩，是因為我們用心去看、用情去感，看似平凡的橡子樹下，也能擁有一段難忘的美好回憶。

胡蘿蔔也可以是一棵樹

胡蘿蔔樹 Tuckeroo Tree

剛剛停下車，我的目光就被考夫斯港棧橋附近停車場邊的一排樹吸引了。這些樹並不十分高大，枝葉間結了一些像小南瓜似的黃色果子。初看之下，我感到既新奇又陌生，因為印象中從未見過這樣的樹。好奇心頓時湧上心頭，於是開啟了自己的「實地科研考察」——一種隨時隨地認識每一棵不認識的樹的小習慣。對於家人來說，這早已司空見慣。他們已快步奔向碧藍的大海和金色的沙灘，而我則慢慢落在後面，一邊拍照一邊仔細觀察。

地面上散落著許多破碎的果實，像是一個沒有結局的故事。我不禁開始猜想：這些果實的結局會是什麼呢？會被鳥兒當作美味吃掉？會被某個路過的人拾起研究？或者，在某個不被人注意的角落腐爛分解，靜靜地融入土壤？又或者，它們的種子會幸運地生根發芽，長出新的生命，為這個故事續寫一段嶄新的篇章？這些想法讓我越來越想揭開這棵樹的「身世之謎」。

我蹲下身，從地上拾起一顆破碎的果實，細細端詳，橘黃色的果殼已經裂開，露出一瓣一瓣的紅色果肉包裹著黑色的種子。這番景象既奇

特又引人入勝。我忍不住拿出手機，開始在網上搜索相關信息，試圖找到答案。經過一番比對，我終於確認：這就是胡蘿蔔樹。它的拉丁學名是 Cupaniopsis anacardioides，而在英文中有多個名字，包括 Tuckeroo、Cashew-leaf Cupania、Carrotwood、Beach Tamarind 和 Green-leaved Tamarind。中文俗稱「胡蘿蔔樹」或「沙灘羅望子」。這種樹屬於無患子科，是一種常綠喬木，分布於澳大利亞東部和北部沿海地區。

胡蘿蔔樹的名字來源於它獨特的樹幹。盡管它的樹皮是灰黑色的，但據說剝開樹皮後，裏面的木質部分呈胡蘿蔔色，因此得名。知道了樹的名字叫胡蘿蔔，我不禁笑出了聲，人們的認知真的與日常生活息息相關，我們總是用我們舌尖的認知，去命名我們周圍的世界，說不定還會有白蘿蔔樹、青蘿蔔樹，世界之大，無奇不有。胡蘿蔔樹的果實雖不算顯眼，卻隱藏著不少故事。早在幾百年前，澳洲的土著居民就已經開始食用胡蘿蔔樹的果實，它們無毒，並且富含營養，只是現代社會中，這些果實更多時候成為了鳥類的美

味食物。

　我繼續觀察著這棵樹，它的樹葉濃綠而厚實，表面泛著光澤，展現出一種生命力旺盛的狀態。那些掉落在地的果實，似乎也在完成自己的使命。它們會吸引鳥類前來覓食，幫助種子的傳播，也可能會化作肥料，滋養土壤。這種生態循環的奇妙之處，讓人不禁感嘆大自然的智慧。

　胡蘿蔔樹不僅僅是一種普通的植物，它還是沿海地區生態系統中的重要成員。由於它耐鹽鹼、適應性強，尤其擅長在沙地中生長，因此常常被用於沿海地區的生態修復工程。它不僅為鳥類提供了食物，也為附近的土地提供了庇蔭和保護，成為人與自然之間的一道橋樑。

　澳大利亞土著居民對胡蘿蔔樹的使用不僅展現了他們與自然和諧共處的智慧，也提醒我們現代人，很多看似不起眼的植物可能都蘊含著豐富的價值，自然界的每一個角落都可能隱藏著未被發現的秘密，也許在我們匆匆忙忙的日常中，錯過了太多像胡蘿蔔樹這樣的「小驚喜」。胡蘿蔔樹雖然看起來普通，卻在它的生態環境中扮演著重要的角色。從它的果實到它的名字，從它的適

應性到它的歷史，每一點都讓我對大自然充滿敬畏。

　　這次旅途中與胡蘿蔔樹的相遇，是我與自然界又一次有趣的對話。它提醒我，停下腳步，留意身邊那些看似平凡的事物，也許會有意想不到的收穫。下一次，當我們走進一片新的土地時，不妨放慢腳步，看看那裏的樹，聽聽它們的故事。它們可能像胡蘿蔔樹一樣，帶給我們更多關於生命與生態的啟示。

秋天的樹　　紙本水彩　　10x25cm

冬之長青篇

紅口桉樹還在

一天一天地生長

飛蛾幼蟲還在

一筆一劃彎彎曲曲地寫

風還在一陣一陣地吹

一封寫給風的無字情書

紅口桉樹 Scribbly Gum

初見紅口桉樹的時候，以為樹幹上那些彎彎曲曲的圖案就是澳洲土著人留下的天書，或者是年輕人在樹上刻下的山盟海誓，後來兒子告訴我，那是一種飛蛾的幼蟲在桉樹身上留下的生活足跡。知道了真相，我還是願意這樣想，覺得這一切其實是飛蛾與紅口桉樹之間的天作之合，飛蛾幫助紅口桉樹在身上留下了寫給風的一封封火熱的情書。

　　仔細端詳樹幹上這些曲曲折折的條紋，彷彿是一個又一個盪氣迴腸的愛情故事，又彷彿是在訴說著自己不平凡的一生，茂盛的葉子被考拉熊不停地吃掉，身上的樹皮一層層地脫落，而就在這時，清風徐來，溫柔地撫摸著他身上的傷痕累累，仔細品讀著他身上彎彎曲曲的情書，給他安慰，給他鼓舞，讓他安心成長。

　　有幸，在還能寫信的年代裏度過了我的青蔥歲月，那時候沒有手機，有急事兒就只能去郵局發電報，不急的事兒就只好寫信……寫信的好處是，不用打腹稿，腦子裏想什麼就寫什麼，想怎麼寫就怎麼寫，於是思念親人的時候，寫信；孤單寂寞的時候，寫信；困惑不解又無人諮詢的時候，

寫信;痛不欲生死去活來的時候,還是寫信。

詩人艾米麗‧狄金森一輩子躲在屋子裏寫信,寫信是她與外界交流的唯一途徑,在信中留下了她的優美詩句,也留下了她沒戴任何面具赤裸裸的思想。在這一點上,我十分理解狄金森,寫信有時的確勝過見面,信裏寫的話在見面的時候往往說不出口,距離產生了美感,所以我們常常找借口說:見字如面。

寫信很浪漫,不過寫信也有一個缺點,那就是寫下來的一切都成鐵證如山,白紙黑字,不容狡辯。電視劇《馬普和露西亞》裏的馬普夫人看到了露西亞送來的參展畫作,怒火中燒,馬上用打字機打了一封退展信,以小鎮籌委會的名義簽字把畫作原封不動地給退了回去,沒想到露西亞技高一籌,識破了這其中的奧妙,留下了帶有馬普夫人簽字的這封信,在假扮印度大師的騙子偷了財物逃跑之後,用這封簽字的信逼著馬普夫人不要去報警,因為在小鎮裏保全各自的臉面比什麼都重要。證據是自己送上門的,所以馬普夫人只能乖乖就範。當然,如果是社會名流的話就另當別論,無論在信裏寫了些什麼,將來都可能名

垂青史。

在沒人寫信的時代裏，我還是很願意寫信，盡管有時候寫出來，卻不知郵給誰看，也不知道該寫些什麼，但是寫信總給人一種鄭重其事的儀式感，鋪開信紙，拿起筆，萬語千言凝於筆端，一筆一劃就寫下了自己所有的傷心和歡愉，至於別人能不能讀懂，能不能理解，已經無關緊要了。

紅口桉樹還在一天一天地生長，飛蛾幼蟲還在一筆一劃彎彎曲曲地寫，風還在一陣一陣地吹。

蘇格拉底如是說

南洋杉 Monkey Puzzle

初見南洋杉，是在北悉尼街邊的公園裏，我以為這就是一種松樹，長得一副張牙舞爪，氣勢洶洶的模樣，彷彿伸手就要抓住一個路過的行人，然後把他扔上天當球玩似的，後來才知道這種樹是南洋杉，而且還有一個非常有趣的名字叫「猴子難題」，大概是發現南洋杉的 Archibald Menzie 也不知道此樹的來歷，所以就成了一個猴子也解決不了的難題。

　　其實偉大英明的蘇格拉底早就預言了這一切：我一無所知。世界之大無奇不有，面對如此豐富的世界，我們真可以說是一無所知，無知並不可怕，可怕的是不想去問一個為什麼？不去研究一下這個問號究竟如何打開？如果不去打開問號的話，我就不知道南洋杉是恐龍時代的遺老遺少，為了今天與我的相遇，默默等待了十幾億年，如果不打開問號的話，我就不知道南洋杉樹上結的果子可以吃，味道像是腰果，而且在智利人們現在還用這種果子釀酒。

　　有生命就有美麗，有世界就有難題，順著南洋杉的足跡能找到恐龍，那麼沿著我們的人生足跡又能找到什麼呢？別跟我說是北京猿人！都說

人生美麗，可是路上也充滿了未知和疑惑，一個接一個的難題撲面而來，升學就業，房子孩子。什麼樣的難題並不重要，重要的是，你要沉浸在每一個難題裏，絕不服輸，盡管抓耳撓腮，盡管走投無路，然而在沒有放棄的不知不覺之中，你卻漸漸活出了寫滿了答案的人生。

答案可能永遠不會圓滿無缺，有的時候甚至可能沒有答案，人生的意義也許永遠沒有答案，但也要盡情享受這種沒有答案的人生。我們別無選擇，蘇格拉底如是說，人生就是一次無法重複的選擇。

白娘子千年等一回的絢麗傳奇

蘇鐵樹 Cycad

提起蘇鐵，也就是鐵樹，不知道為什麼，耳邊就突然響起了《白娘子傳奇》中《千年等一回》的動人旋律，鐵樹開花，啞人說話，都是千載難逢的喜事兒，「千年等一回」用在鐵樹身上，也是恰如其分的一種說法兒，更何況這是世界上一種從兩億八千萬年前的恐龍時代一直走到今天的最古老的樹種呢？恐龍時代的美食，如今的鐵樹開花，這中間的曲曲折折等待的故事又何止千年等一回呢？

　　有人說愛情就是等待，因為愛情是盲目的，誰都無法解釋，白娘子千年修行就是為了許仙的那一句愛你到永遠……美國的狄金森比白娘子厲害十倍，她信誓旦旦地說：「等待一小時，太久；等待一萬年，不長；如果，有愛恰巧作為補償。」萬人崇尚的情聖杜拉斯在《等待愛》中說出了天下女人的心聲：「等待愛，也許不知道愛誰，但等的是它，愛。」

　　有人說人生就是一場轟轟烈烈的等待，紅塵滾滾，我們每天都在等待，等待黎明，等待傍晚，等待美夢成真，等待天下太平，等待團聚，等待告別，等待家有兒女初長成，等待執子之手與子

偕老……等待像是一首帶著美麗光環的歌，可是李商隱卻在《錦瑟》裏發出了這樣的慨嘆：「此情可待成追憶，只是當時已惘然。」我們在等待中祈盼，在等待中成長，白娘子遇到了許仙，千年鐵樹終於開了花，但是我們究竟等到了什麼呢？

是等到了戈多，還是等到了哈金，是等到了一個結果，還是等到了一個希望，是等到了今生，還是等到了來世……或許這一切的一切都不過是一個華麗的借口，我只是不想離開罷了。

沒有秘密的秘密花園

無花果 Moreton Bay Fig Tree

倉央嘉措問：「一個人需要隱藏多少秘密才能巧妙地度過一生？」那麼一座城市裏的花園需要隱藏多少秘密才能被叫做秘密花園呢？

　　位於北悉尼薰衣草灣的秘密花園裏有101級台階，每天中午走台階鍛煉身體的時候，我都會從幾棵枝葉茂盛的無花果樹下走過，無花果樹像是一把巨大的陽傘，擋住了夏日炎炎的酷暑，樹影斑駁的地上，常常會看到從樹上落下來的一些無花果，可惜的是這種無花果味道並不好吃，所以沒有人撿起來，它們就在腳下路邊自生自滅。

　　每次經過這幾棵高高大大的無花果樹，都被那堅實獨特的樹根吸引，像一條條血脈與大地母親緊緊相連，盤根錯節，生死相依，不知道它們在這裏生長了幾十年，也不知道它們的根在地下有多深……每每看到這幾棵樹，總是不知不覺地想起了那首《把根留住》中的一句：多少歲月，凝聚成這一刻，期待著舊夢重圓……只是不知道無花果的舊夢是什麼，究竟能不能舊夢重圓，會不會只是我有一簾幽夢，不知與誰能共，多少秘密在其中，欲訴無人能懂呢？

為什麼叫秘密花園呢？其實花園本身並沒有什麼秘密可言，一目了然，到處是花草樹木，如果說有什麼不同的話，那就是這個秘密花園的主人是悉尼著名油畫家 Brett Whiteley 的妻子，這裏原本是一片荒蕪的土地，1992 年丈夫去世後，她就開始在這裏開荒種地，花費了一百多萬澳元把荒地修建成了今天的秘密花園，裏面有他丈夫的雕塑作品，各種各樣的花草，還有灑在花園裏丈夫的骨灰。

　　倉央嘉措是對的，秘密花園本身並沒有什麼秘密，有秘密的是畫家本人，他在一家小酒店的房間裏死於吸毒過量，據說生前花天酒地，浪跡酒吧和妓院，吸毒成癮，社會上流傳著關於他們夫妻各式各樣的流言蜚語……然而死亡是帶走秘密的最好方式，因為從此以後死無對證。

　　畫家的妻子更是一個聰明絕頂之人，她把和畫家之間一切一切的秘密都種進了花園裏，花草和樹木知道了他們秘密，借著風把他們的秘密吹向了四面八方，風貼著耳朵把他們的秘密告訴了我們每一個人。然而遺憾的是，我們即聽不懂草語，也聽不懂樹聲……秘密成了花園，花園裏卻

沒有任何秘密。

　　這個世界上到處都是秘密，你有你的秘密，我有我的秘密，我們都想隱藏自己的秘密，我們都想知道相互的秘密，秘密傷了感情，傷了親情，傷了友情……還是把我們的秘密都告訴秘密花園裏的花草樹木吧，讓它們成為秘密花園，讓我們從此沒有秘密。

　　有了秘密花園，秘密就不需要隱藏，無花果沒有開花，也能結果，沒有了秘密，我們一樣可以度過一生。

讓太陽扶我站起來
去打開光明

紫杉樹 Yew

清晨，悉尼常見的灰色黑頭礦鳥迎著朝陽，在頭頂上嘰嘰喳喳飛過的時候，陽光就在它的翅膀上鍍上了一層薄薄的金色光環，一剎那間，像是金絲雀閃亮登場，滑過眼前蔚藍的天空。身旁林林種種樹木上的樹葉也被太陽塗上了點點亮色，在微風中一閃一閃，像是眨著眼睛的精靈，時隱時現。陽光下懶洋洋的我，突然被一句「有一棵紫杉，是勞頓山谷的驕傲」一下子吸引住了，身不由己地飄入了紫杉樹那迷人的世界裏。

　　1805 年，英國詩人威廉·華茲華斯與友人來到勞頓山谷遊玩，也是一樣的陽光明媚，綠草如茵，他的目光被山谷裏的一棵紫杉樹所吸引，詩興大發，揮毫寫下了《紫杉》這首詩，的確，沒有華麗的外衣，沒有出色的顏值，紫杉卻在茫茫林海之中，演繹了一場從臥薪嘗膽到脫胎換骨，步步驚心的動人傳奇。雖然它的樹心腐爛掉，卻又長出了新的樹杈，雖然它的樹心裂開，卻又在樹外長成了新樹，就這樣用了兩千年的週期把老樹新枝緊緊地連在一起，形成了森林裏一個不朽的傳奇。

　　紫杉的傳奇不僅僅在於用兩千年長成了張

牙舞爪的孤獨，更讓人驚奇的是紫杉的針型葉子和樹幹都有毒，所以莎士比亞才會把紫杉形容為「雙重致命」的武器，在中世紀著名的阿金庫爾戰役中，人數眾多的法國軍隊，卻被一小撮英國和威爾士的弓箭手打得潰不成軍，其中重要的原因就是弓箭手手裏拿的那些用紫杉製造的弓箭，紫杉弓箭殺傷力很大，紫杉樹也從此走紅江湖，令人神往，可是弓箭手們有時卻是人心惶惶，他們擔心紫杉弓裏的毒性總有一天會傷到自己，害怕應了那句害人不成反害己的老話。

基督教歷來把紫杉奉為靈樹，多種植在教堂的墓地之中，相信紫杉的靈性能夠溝通陰陽兩界，普度眾生。紫杉也許有千年的靈性，不過解讀這千年的紫杉，內心深處更要有強大的定力，不然的話，就會像西爾維婭‧普拉斯的那首《月亮和紫杉樹》一樣，在心裏留下一片黑暗，那時候西爾維婭正好住在教堂的墓地旁，墓地裏有幾棵古老的紫杉，於是就有了紫杉樹的樹言是黑暗——黑暗和沉默。花有花語，樹有樹言，紫杉樹的黑暗正如那時籠罩在她心靈中的黑影，黑影終於壓倒了她心中最後的一絲光明。

我喜歡太陽，不喜歡黑暗，然而我卻相信黑暗自有黑暗的意義，只不過是我們也許從來就沒有讀懂黑暗。海子倒下了，可是他卻在詩裏面告訴我們說：「在黑暗的盡頭，太陽扶我站起來。」太陽終究會下山，黑暗永遠無法逃避，但我心裏一清二楚，太陽還會升起來，不管是在黑暗的盡頭，還是在黑暗的開始，都會扶我站起來。

女媧無法彌補的天裂

意大利柏 Italian Cypress

我們中國人常說松柏常青，松和柏合在一起是一個詞，但的的確確是兩種樹，意大利柏的拉丁文原意是長生不老，可是這種樹卻是一種讓人憂鬱傷感的葬禮樹，伊斯蘭教和基督教都認為這種樹最好種在墓地裏，包裹的嚴嚴實實，顯得莊嚴肅穆。意大利柏最早生長在伊朗，後來傳入歐洲，因材質堅硬耐用，柏拉圖的《法律篇》被刻在了意大利柏的木板上，古埃及人也把木乃伊裝在意大利柏木做的棺材裏，以求永生永世。遺憾的是樹木也許會長命百歲，人卻無法躲過旦夕禍福。

　　每次看到婷婷玉立的意大利柏，我的心裏都會湧上一股淡淡的憂傷，不知不覺地想起了梵高《星夜》中左下角那團黑黑的像是城堡又像是火焰的東西，其實那是畫家眼中的意大利柏，在《有絲柏的道路》裏，黑黑的意大利柏也彷彿成了陽光下一條黑暗的通道，佇立在天地之間，正如梵高所說他想畫出真實的悲傷。樹木不會悲傷，悲傷的只是人心。

　　同白先勇書中寫的一樣，我家的小院裏原來也有一排意大利柏，是分割兩家的籬笆墻，出門

的時候，我看不見街對面的人家，就連太陽每天也好像早早就下了山，後來因為樹根把鄰居家的水泥車道擠的四分五裂，雖然不忍心，只好任鄰居請專業公司把這些意大利柏都砍掉了，砍樹就像是一場沒有血的屠殺……曾經有一段時間，我很不習慣這一塊楞楞的空白，太陽好像永遠也不下山，出出進進彷彿就在別人的眼皮底下，後來我們又種了一些小樹，用一些花花草草掩蓋了這片空白，但是心中那隱隱約約的悲傷卻始終沒有離開，每當夏日烈日炎炎的時候，我又想起了那些被砍掉的意大利柏。

每個人心裏都有自己的悲傷，白先勇的悲傷可以寫在書裏，梵高的悲傷可以畫在畫裏，而普通人的悲傷又該放在哪裏呢？挂在眼角眉梢，藏在心裏肚裏……梵高臨死前說：「悲傷會永遠。」然而世間更可悲的是，有時候我居然無法讀懂你的悲傷。原野上，高高大大的意大利柏看著不到他膝蓋的我，我則抬頭仰望高高大大的意大利柏，默默無語，後來不知道是他讀懂了我，還是我讀懂了他。女媧還在煉石，我卻不想讓她補天了。

你是我心中永遠的秘密

恐龍杉 Wollemi Pine

1994 年之前，恐龍杉一直就是一個公開的秘密。植物學家們只是通過恐龍時代的化石才知道世界上曾經出現過這樣一種樹，本以為它們同地球上的恐龍們一樣，無聲無息地銷聲匿跡了。

　　直到 1994 年，悉尼的一位護林員在人煙罕至的藍山自然保護區內，獨具慧眼地發現了恐龍杉，經過植物學家鑒定後，以發現地的國家公園的名字命名了這種恐龍杉。盡管它的名字裏帶有一個松樹的字樣，其實這種樹與松樹沒有任何關聯，它實際是南洋杉家族的一個分支，由於這種野生恐龍杉的珍貴價值，至今它的發現地仍然是國家機密。

　　恐龍杉的發現彷彿給只有百年歷史的澳洲注射了一劑興奮劑，歷史淵源隨著這種樹無限延伸，一直延伸到那個恐龍統治大地的侏羅紀公園。恐龍杉可以說是這個世界上最古老最罕見的樹種之一，別看其貌不揚，看不出經歷過千百萬年的修煉，不過這種樹最驚艷之處並不在於它的身世，而是在於它那風格獨特的枝叉，不知是什麼原因，所有的枝叉都熱衷於從一而終，從來不會節外生枝，要麼在樹杈頂端結果生子，要麼守

身如玉，慷慨赴死……如此循環往復，生生不息。我不是植物學家，解不開這個千古謎團，但我覺得這是一種有秘密的樹，瞭解自己的特性，從不隨波逐流，見證了千百萬年的風風雨雨，山崩地裂，抱著自己堅貞不渝的信念，一直向前走去。

樹有樹的秘密，人有人的秘密，秘密一旦說出來，就不成為秘密。然而保守秘密並不是一件容易的事兒，《救贖》中的布裏奧妮自以為是地知道了姐姐的秘密，一個嫉妒的謊言，成了她一生都無法贖罪的追悔莫及。我的秘密是我的生活，你的秘密是你的生活，也許我們永遠都無法走入各自的秘密，恐龍杉早晚都能被發現，而認識人心的旅程，有時候我們可能走不到頭。

我原以為自己是一個沒有秘密的人，只是有許多不願意說出來的話，後來這些話都變成了種子，在心靈秘密的花園裏生根發芽，有的長成了花，有的長成了樹，有的長成了沒有……盡管如此，相信我會一直堅持守護著自己的秘密。

走向我們自己選定的終點

松樹 Pine Tree

有時，在一個冬天的午後，太陽挂在門外，推門而出，漫步在樹影斑駁的小路上，和暖，閑適，腳下散落著紅紅黃黃雜色的枯葉，踩上去發出唭嚓唭嚓的聲響，彷彿玉碎了一地，再也無法撿起。抬眼望去，路旁的一棵松樹，傲然挺立，濃密的枝條在陽光下反射出閃閃的光芒，彷彿一個頂天立地綠色巨人，儀態萬千，張開雙臂，正歡迎著我的到來……於是，駐足，傾聽，四周一片寧靜。

　　松樹最吸引眼球的地方就是它的綠，一年四季不變的顏色。正如清朝詩人陸慧心詩中所說：「瘦石寒梅共結鄰，亭亭不改四時春。須知傲雪淩霜質，不是繁華隊裏身。」綠色固然美麗可愛，可是在沒有五顏六色的鮮花的日子裏，我們卻往往忽略了綠色，甚至想象不出沒有綠色的世界會是一個什麼樣子。這時，翠綠的松樹彷彿給周圍的空氣也染上了綠色，甚至站在松樹下的我，也被籠罩在一片綠色之中，彷彿應驗了那句話：「屬於我的一切都與我如影隨形。」

　　松樹下，我閉上了眼睛，都說一個人有一個人的花，那我要說一個人也有一個人的樹，花草

樹木彷彿是人生舞台上的道具，時隱時現，同樣的花草樹木，時過境遷，卻常常是不一樣的心情。

詩人會喜歡挂在松枝上的露珠，而我更喜歡挂在松枝上的松塔，常常低頭滿地尋找，想看看裏面有沒有能吃的松子兒，也因為我們上次買房子的時候，房主給我們留下了茉莉花和裝在鐵托盤裏的松塔。

理解了茉莉花，卻始終不理解松塔，那盤松塔有的鬆鬆垮垮地張開，有的嚴嚴實實地閉合，裏面好像包裹著一個又一個故事，在等待著能讀懂故事的人把它打開，如果沒有遇到那個懂它的人，它就這樣一直守口如瓶地等待著。如果硬把它砸開，只會剩下一堆亂糟糟的木屑，所以只能一路走來，一路撿起，一路等待。

太陽就要落山了，松樹也彷彿讀懂了太陽的意思，從淺綠色變成了墨綠色，我的影子也從前面走到了後面，腳下彎彎的小路究竟到哪裏是終點呢？沒有人告訴我，我也不想知道，仍然繼續走在小路上，因為我知道我的腳正在走向我自己選定的終點。

是否能夠遇見平凡的你

水杉 Dawn Redwood

初識水杉是在書本裏，照本宣科總是印象不深。後來在朋友家的院子裏看到了一棵高大挺拔的樹木，上面綠色的小果子，羽毛般的葉子，讓我一下子把書上的照片同現實中的水杉樹吻合起來，就好像天上突然掉下個林妹妹，欣喜若狂。水杉同銀杏一樣，堪稱經典的活化石，追本溯源，可以一直追溯到七千萬年前的白堊紀。所有的植物學家都以為水杉已經在地球上銷聲匿跡了，沒想到我們中國人硬是把這種活化石找回來了。

　　水杉的身世可謂一波三折，中國的植物學家首先於 1941 年在雲南發現了水杉的化石，三年後他們居然在河北又首次發現了野生的水杉，發現一種千古罕見的樹木本來應該是振奮人心的消息，無奈那時中華民族正在進行一場如火如荼的抗日戰爭，內憂外患，災難深重，拯救國家命運才是當務之急。直到 1947 年，南京大學的植物學教授萬春成先生才費勁周折把一些水杉的種子寄給了美國哈佛大學的阿諾德植物園，沉睡多年的水杉才從此重見天日，從中國寄出的種子在世界各地相繼生根發芽，長成了一棵棵可喜可愛的參天大樹。

水杉的習性就像它的名字一樣，喜歡潮濕的土壤和陽光，在各種氣候條件下都非常容易成活，然而水杉的材質十分脆弱，不喜歡陰涼，因此很難大面積種植，只能用來裝點門面。沒想到一種世間罕見的活化石，居然成了百姓家中庭院裏的尋常裝飾之物。我們中國人把水杉當成國寶，千古絕唱，希望能限量發行，因為罕見等於珍貴，獨立特行才能保值，一旦流行起來迎合大眾口味就倒牌子了。但是能把一種遠古的美麗在我們共同擁有的地球上世代相傳，這豈不是功德無量美妙絕倫的珍貴嗎？

落筆生花的莎士比亞早就說過：「沒有什麼比希望不平凡更平凡的了。」一語中的，捅破了我們誰也不願意捅破的那層窗戶紙，樹木不願意淹沒在浩瀚林海之中，我們也不願意泯然眾人。可是如果人人都不平凡，那麼平凡的那一個反倒顯得格外與眾不同，達到了預期不同凡響的效果。

我的運氣不佳，沒有遇見過會潛水的貓，沒有遇見過能攀岩的狗，更沒有遇見過會結網的豬，只是遇見了一棵老老實實站在那裏，隨風搖

曳，既不會潛水，又不會攀岩，更不會結網的水
杉，平凡得就像一滴無滋無味的水，可他們都說
水其實一點兒都不平凡。

一如既往地望著我們的眼睛

白樺樹 Birch Tree

我不是獵人，卻像獵人一樣在記憶深處搜索著，想不起來我最初見過的那片白樺林究竟是在什麼地方。不過我心裏知道，這是我家鄉的樹，無論是在學校的操場邊上，還是在松花江畔就都不重要了，反正那是一片白樺林，樹皮是白色的，樹上面有黑黑的裂開的斑點，像是一雙雙正在注視著你的眼睛，還有一些刻在樹上的名字和符號，常常不知所云，莫名其妙，或許是因為我們都不想被遺忘的緣故，刻下的名字就彷彿是給自己買的保險，縱然化成塵土，至少留下了空洞的名字。我卻覺得這一切都是枉然，想記住的永遠都不會遺忘，無論是否刻在了樹上或者石頭上。不想記住的，注定要隨風逝去。

　　白樺樹不是一種嫵媚的樹，也不是一種威嚴的樹，北方的風雪給了它一種粗粗拉拉的個性，然而英語中的一個詞「birching」卻把它同臭名昭著的體罰一同釘在了歷史的恥辱柱上。《死亡詩社》中的老師約翰·基廷鼓勵學生們說：「梭羅說大多數人都生活在平靜的絕望中，別陷入這種境地，衝出來，別像老鼠逃跑似的，看看你的周圍，要敢於開拓自己的天地。」然而現實卻殘

酷無情，當查理挑戰學校的權威，努力打破常規開拓自己的新天地的時候，迎接他的卻是樺木大板對屁股蛋兒一頓不分青紅皂白的豪不留情。白樺本無罪，有罪的是動了「打」的那個念頭，有罪的是認為「權威」永遠神聖而不可侵犯。

友人曾送我一本白樺樹皮做的筆記本，我卻忘記了在那筆記本裏都寫了些什麼。不過這倒提醒了我，白樺樹的確不僅僅可以做籬笆牆，可以打屁股蛋兒，還可以用來造紙，甚至樹皮也可以用來寫字和做工藝品。英國藝術家凱蒂·帕特森在 2014 年的時候，在挪威奧斯陸創建了名曰「未來圖書館」的公共藝術項目，每年邀請一位著名作家為未來圖書館寫一本書，100 年以後出版，她在挪威種了一片 1000 棵白樺樹的叢林，計劃未來出版的書就用這些樹做的紙來印刷。

除非這世界上有奇跡發生，不然的話我是看不到這本寫了 100 年的書了，只能希望在未來的日子裏，無論是 AI 打敗我們，還是我們打敗 AI，文字的魅力永遠都不會在這個地球上消失，就像那片白樺林，無論我記得還是不記得，那些黑黑的眼睛都一如既往地望著我們。

總在不合時宜的季節相逢

山茶花樹 Camellia Tree

緊趕慢趕沒趕上一睹茶花女的風采，卻在大街上看到了紅色和白色的山茶花。在我有眼無珠的時候，並不認識山茶花，只是覺得這種開花的樹真是好看，花開得又是那麼有層次感，賞心悅目。後來認識了山茶花，又總是覺得好像是季節不對，悉尼的山茶花開在了冬季，開在了茉莉，百合和紫薇的後面，每當楓葉飄落之時，滿街的山茶花開得分外妖嬈，紅的，白的，粉的，半白半粉的，花團錦簇，成了悉尼冬天裏的不合時宜。

　　泰戈爾大概經歷過愛情的坎坷不平，在他看到山茶花時，不知為什麼在心裏涌出來了這樣的詩句:「暗戀是一枝插錯地方的山茶花，雖然美麗，但卻不合時宜。」然而偉大的蘇格拉底卻不以為然地說:「暗戀是世界上最美的愛情。」面對著大街兩旁高高低低的山茶花樹，我卻不知道為什麼突然想起了查爾斯王子和山茶花夫人的戀情，就是不知道他們之間算是暗戀還是偷情？如果你要是不知道我在滿口胡說八道什麼，那麼就恭喜您了，因為卡米拉和山茶花雖然看上去很相像，可是字母的排列組合卻不一樣，讓我給張冠李戴了。暗戀和偷情的區別大概就在那一朵山茶花。

沒有體驗過暗戀之事，卻覺得暗戀之所以美麗，是因為那是沒有講出來的故事，是因為那是一顆心的喃喃自語。就像是你認識了一個人，卻不一定認識一顆心，沒講出來的故事總是吸引人。人世間愛情的種類有成千上萬種，不僅僅限於男女，也不僅僅限於皆大歡喜，在涇渭分明之間，還有一大片兒五十度灰。無論怎麼說，對於愛情，我還是喜歡這樣的一句話：喜不喜歡，合不合適，在不在一起，原來是三件事兒。至於有沒有茶花女，有沒有山茶花樹，其實都沒有什麼太大的關係。

　　山茶花落了一地，我再也無心撿起來了，轉身離去之時，心裏莫名其妙地產生了一種依依不捨的感覺，也許我的故事就從這朵山茶花講起。

一個七月流火的聖誕節

冬青樹 Holly Tree

冬天的冷空氣像是一個箍在頭頂上冰冷的鋼盔，讓我像在冰天雪地裏站崗的士兵那樣，突然一下子變得縮手縮腳起來。路邊的一棵高高大大的冬青樹上，星星點點地結了一嘟嚕又一嘟嚕紅紅的果子，春華秋實，讓我也搞不清楚這究竟是花還是果了。

　　一封七月聖誕節的邀請信靜靜地躺在我的郵箱裏，北半球七月流火，南半球卻是臘月寒冬，從北半球流傳過來的冬天裏過聖誕節的習俗好像也是順理成章，雖然外面沒有白雪皚皚，有的卻是一樣快樂的心情。也許是因為冬季漫漫長夜難熬，總要有一些獨出心裁的創意，可是如果一切都像波德萊爾在詩裏說得那樣：「又苦又甜的是在冬天的夜裏／對著閃爍又冒煙的爐火融融／聽那遙遠的回憶慢慢地升起／映著茫茫霧氣中歌唱的排鐘」，那麼寂寞長夜又算得了什麼呢？

　　冬青樹與聖誕節有著悠久的淵源，早在維多利亞年代，聖誕歌裏就出現了冬青樹。其實冬青樹是遠古恐龍們眼裏的美味佳肴，恐龍消失了，冬青樹卻活了下來。英國人後來就用紅色的冬青果裝飾聖誕節吃的傳統甜點布丁，他們認為聖誕

布丁上面如果沒有綠色的冬青葉和紅色的冬青果，就不算是一個正兒八經的聖誕節，就這樣他們把整個兒英語世界洗腦了，後來，他們又在美國加州發現了一種常青樹，同英國的冬青樹並非一個品種，但是也將錯就錯叫冬青樹，聰明的好萊塢馬上趁機把自己也命名為「冬青樹」，想借著這個名字流芳千古。

看著路旁的冬青樹，我沒有像伍爾夫一樣想到內衣，卻想起了《蒂芙尼的早餐》中的奧黛麗·赫本，一身小黑裙，叼著大煙斗的窈窕淑女。赫本本來與冬青樹沒有任何關係，因為寫劇本的卡波特開始的時候給自己的女主角起了一個叫康妮的名字，聽上去稀鬆平常，毫無特色，後來不知道是哪來的靈感，最後的神來之筆是把女主角的名字從康妮改成了冬青 (Holly)，從此赫本名副其實，卡波特功成名就。

無論是在北半球還是在南半球，冬天的時候，我都喜歡正午的陽光，灑在身上臉上，暖暖的感覺。正好可以曬曬潮濕的思想，頭上冰冷的鋼盔也彷彿變成了一團蓬鬆的棉花糖，心情此時此刻也變得飛揚跋扈，好像看到了十四口之家的

內衣在飛蕩。

　　大陽就要下山了，黑夜即將到來，無論聖誕節是在七月還是在十二月我都歡喜，無論一事無成還是功成名就我都接受，只要在冬天的日子裏，冬青常青，家人閑坐，燈火可親。

傲慢與偏見之狹路相逢

雪松 Cedar

一件叫不出名堂的事兒，這真是一個絕妙的答案，我雖然不是詩人，不過有了這個答案就可以心安理得地不去管自己為什麼要寫雪松了。

　　第一次見到雪松，是在電影《落在香杉樹的雪花》中，大概是因為雪松同杉木很相像的緣故，所以翻譯就將錯就錯了。雪花飄落在樹枝上，厚厚的積雪把雪松壓得透不過氣來，同樣的沉重也在壓抑人心，而在法庭內外，人性與偏見展開了一場不動聲色的生死較量。

　　每天發生的各種各樣的事件控制著世界的每一個角落，而唯一沒有被控制的也許只剩下人心了，不過心靈卻是傲慢與偏見的滋生蔓延地，世上的所有一切又彷彿是人心所向，正如英國哲學家斯賓塞所說「人人反對偏見，可人人都有偏見。」電影裏的人性雖然最終戰勝了偏見，可是偏見也差一點兒就毫不留情地扼殺了人性。

　　說到偏見，就無論如何也不能繞過《傲慢與偏見》，雖然是婆婆媽媽的家長裏短，但是許多人也在書裏發現了這樣放之四海而皆準的真理，「凡是有錢的單身漢，總想娶位太太。」男人與女人，兩顆心在愛意漫漫之前，總會無緣無故地

滋生出許多莫名其妙的傲慢與偏見，彷彿狹路相逢，張弓搭箭，一觸即發。說到底其實傲慢就是一種偏見，而偏見也是一種傲慢。

達西先生的傲慢讓伊麗莎白的偏見找到了無情無義攻擊的最佳對象，伊麗莎白的偏見又時時刻刻讓達西先生手足無措，不知如何是好，誤會取代了理解，好事變成了多磨，而更讓人擔心的是我們的世界到處充滿著傲慢與偏見。

當傲慢與偏見狹路相逢的時候，世界往往就會變得一團糟，奈保爾在《米格爾街》中這樣描寫生活：明明知道要出麻煩事，可你他媽的什麼事也乾不了，只能坐在那裏看著、等著。等待水落石出，等待花開花落，等待風平浪靜，等待冰雪消融⋯⋯也許這就是我們最終戰勝傲慢與偏見的穩操勝券。

詩人被迫離開了世界，智者最終被生活打敗了，小丑意外地綻放了光芒，弱者則始終軟弱無力。而傲慢與偏見永遠堅持在這裏狹路相逢，生活如此絕望，每個人卻都興高采烈地活著。

魔鬼螫你沒商量

火麻樹 Stinging Tree

大千世界無奇不有，澳洲這種獨特火麻樹上的樹葉是會螫人的，據說一旦被螫，九死一生，因此土著人稱這種樹為魔鬼樹。

　　這個家族大概有十幾個成員，其中只有兩種能長成參天大樹，其餘的都是身材矮小的灌木，主要分布在昆士蘭的熱帶雨林中，說來也怪，這種樹的葉子上長了一層薄薄的絨毛，好像天生就是與人類做對，如果不小心沾到皮膚上，奇癢無比，即便是枯葉，也依然寶刀不老，效力不減。傳說中有人在林中腹急，無奈沒帶手紙，看到附近的這種樹葉寬大厚實，靈機一動決定用此樹葉清理門戶，沒想到這一重大決定的後果是痛不欲生，最後無奈以死謝罪，難怪這種樹被稱為魔鬼樹，從此警鐘長鳴，後人談到此樹，無不談樹色變，直到今天，在你進入任何熱帶雨林之前，都會有管理人員或者告示牌提醒人們注意此樹，熱帶雨林中的基本規則是必須老老實實，不可隨便動手動腳。

　　然而除了人、馬和狗以外，其他任何動物對這種樹葉都沒什麼反應，更奇特的是，這種絨毛雖然讓人無法忍受，可是對人體卻沒有什麼傷

害，大概是同這種葉子裏的化學物質有關。如果不幸被這種樹葉蟄到，聰明的我們現在已經找到了最佳解救辦法，那就是馬上實施脫毛術，脫毛對中國人來說是件很陌生的事，不過大家在電影裏肯定看過這樣的鏡頭，在毛乎乎的大腿上塗上一層薄薄的蠟，然後貼上一條布，安排部署好之後，用力把布條閃電般快速揭下，伴隨著啊啊的幾聲哀鳴，皮膚馬上光潔細膩，這種解救良策已經被堂而皇之地寫入了昆士蘭州的急救手冊，只不過很少有人會願意冒險體驗這種風格獨特的脫毛術。

俗話說道高一尺，魔高一丈，澳洲的土著人經過多年的觀察實踐，發現葉子上所有的絨毛都是朝一個方向生長的，於是他們發明了一種奇特的方法，可以不受任何傷害就摘到樹上結的類似桑椹的果子吃，看來世間萬物都是有規律可循，只要掌握了事物的本質，魔鬼也是可以戰勝的。不過，在你成為能吃果子的土著人之前，對這種樹最好敬而遠之，另外就是切記切無論去什麼地方，一定要隨身攜帶手紙。

來自史前的呼喚

奇子樹 Idiotfruit Tree

這種樹的拉丁文名字（Idiospermum）念上去很拗口，不過它的確是澳洲獨有的與恐龍同時代的一種樹，所以俗名就叫恐龍樹（英文名 idiotfruit, ribbonwood, or dinosaur tree），據植物學家考證，這種樹是世界上最早分枝開花結果的一種樹，從遠古的恐龍時代一直走到了今天，這種樹不喜歡獨居，卻愛成群結隊，不過它們對自己的居住地很挑剔，只生活在昆士蘭的熱帶雨林裏。

此樹最早於 1902 年在凱恩斯被一名德國植物學家發現，可是當他趕到現場的時候，樹已經被砍伐一空，當時開荒種地是天經地義的頭等大事，誰又會關心一棵樹的命運如何？植物學家捶胸頓足，仰天長嘆，無奈沒有回天之術，只好自認倒黴，以為這種樹從此在地球上銷聲匿跡了。

直到 1971 年，昆士蘭州的一位農場主養的牛吃了奇子樹的果子，中毒身亡，奇子樹才又重新走入我們的視野。寫到這裏，你可能已經發現熱帶雨林中很多樹上都結果子，可是沒有幾個能吃，大多數都有毒，其實這也是它們保護自己的一種本能，果子就是樹的孩子，怎麼能忍心隨隨

便便成為人或牲畜的盤中餐呢？樹也有靈性，保護下一代是一種本能。

　　說到果子，奇子樹產子的過程可謂獨特，它所有的花瓣都會長成果實的一部分，形成一個堅硬的殼，包住果子，成熟之後，果殼會裂開，果子像胎兒一樣脫離母體，落向大地……讓植物學家不解的是，這麼大的果實落在地上，很難四處移動，這種樹是怎麼讓這些種子不斷繁衍，長出新的小樹呢？我想這也可能是為什麼把這種樹命名為奇子樹的緣由，神奇的果子樹。

　　種子是希望，種子是未來，種子是讓我們這個世界花團錦簇，萬物繁衍，人丁興旺的源泉。

錚錚硬骨立人間

鐵木樹 Ironwood

容易望文生義的我，一開始誤以為這種樹就是人們常說鐵樹開花的那種鐵樹，其實它遠不如鐵樹出名，可以說是默默無聞，一事無成。

　　這種樹的家族大部分生活在澳洲沿海及中部乾旱荒涼的地區，無人顧及，唯一值得欣慰的是木質堅硬如鐵，故名鐵木。文人墨客對於這樣的樹或者事兒，常常感到頭疼，覺得無處下手，身世平凡，顏值不高，沒有什麼傳奇和亮點，究竟能寫些什麼呢？

　　說來話長，鐵木樹小的時候長得一點也不招人喜歡，身材矮小，渾身上下都是刺，屬於姥姥不疼舅舅不愛那夥的，有什麼好事都輪不上它，沒有任何出風頭的機會，什麼時候都是靠邊站，提不上日程，每天都是灰頭灰腦的感覺，於是心中總是盼望著長大的那一天早日來臨。

　　沒想到進入青春期以後，事情彷彿變得越來越糟糕，別的樹都是往高了長，枝葉茂盛，要麼長髮披肩，要麼窈窕淑女，要麼玉樹臨風，要麼風流倜儻……它卻長散了，用通俗一點的話說就是胖了起來，亂亂的一團，看不出眉眼高低，自己照鏡子時都覺得實在是拿不出手，只好暗自落

淚，慨嘆自己的人生之路為什麼這樣艱難？為什麼我就不是別的樹呢？

抱怨沒有用也沒有人聽，它的家族都是這樣的遭遇，誰也顧不上誰，它就只好自己動手按照自己的能力去應付生活中的林林種種，日子還得過下去，它把自己的根深深地扎進大地的懷抱，從中汲取營養物質，豐富自己的想象，不再在意別的樹長什麼樣，有什麼幸運的事，只是一天天過自己的日子，經營自己的生活。

幾年過去了，它發現自己終於長到了十米，身體不但瘦了下來，而且肌肉也越來越結實，堅硬無比，在沿海及乾旱的沙漠地區，鐵木樹傲然挺立，彷彿是荒涼的守護神，沒有了青春期的騷動不安，沒有了不切實際的非份之想，因為它知道自己想要什麼，於是安靜地凝視著遠方，堅信自己會有一個完美的生命歷程。

與其說是在寫鐵木樹生長的三個階段，不如說是在寫平淡無奇的人生，每個如我一樣普普通通的人，都經歷了從青澀走向成熟的過程，路上的風景不同，遭遇不同，結果也可能迥然不同……但是唯一相同的是，歷經風雨之後，我們

的內心變得越來越堅強，越來越認識自我，瞭解自我，是的，鐵木樹永遠開不出鐵花，長不出楊柳細腰，唯有一身硬骨頭傲立人間。

適者生存，物競天擇

樟木 Camphor Tree

茫茫荒野之中，孤獨地站著一座破敗的寺廟，寺廟中長著一棵巨大的樹，繁茂的枝葉像傘一樣幾乎蓋住了整個寺廟，衣著破舊不堪的小和尚焦急地等待著外出的師父回來，他已經餓得記不起來師父是什麼時候出去的，突然間他嗅到了一股淡淡的香氣，彷彿從鼻子裏一直走到肚子裏，撫摸著他饑腸轆轆的胃，他走出院子來到大樹下，香味越來越濃，不知不覺之間，他就靠著大樹睡著了，睡夢中師父回來了，帶著好多好吃的東西……這種通體透香的大樹就是樟樹。

樟樹的的確確是同佛家寺廟有著千絲萬縷的聯繫，樟樹產於中國和附近的一些亞洲國家，在中國和日本的很多寺廟裏都有這種香氣繚繞的樟樹，因為有奇香，所以可以提取香料，樹木還能做成家具和工藝品，也算是一種天下奇樹，據說18世紀時一位荷蘭探險家為了一睹樟樹的風采，足足在日本等了一年時間才被允許進入寺廟，瞻仰了寺廟中的百年樟樹，聞到了樟樹的香味，足見那時的樟樹地位有多麼高。你可能不喜歡樟樹的香味，因為我們從小就知道媽媽衣櫃裏的樟腦丸是什麼味，或許是因為提煉濃縮的緣故，其實

樟樹本身並沒有那麼口味重的香味。後來樟樹從中國和日本傳播到了世界各地，一種樹在世界各地廣泛流傳本來是件好事。

可是 1822 年傳播到澳洲的樟樹卻成了一場災難，樟樹的樹葉含有豐富的碳物質，落到水中污染水源，殺傷許多淡水魚，而且他的樹葉還能阻止其他植物生長發育，附近的其他樹種都無法生存，加上鳥兒也願意吃他那黑色的小果，從而加速了這種樹傳播的廣度和深度，他的根係粗壯發達，慢慢堵住了許多民居的下水道……成了一個不折不扣的有害樹種，在昆士蘭和新南威爾士州氾濫成災，真是南橘北枳啊！俗話說一方水土養一方人，這一點在樟樹身上也完美無缺地體現出來，在中國是佛家聖樹，渾身是寶，幾乎完美無缺，在澳洲卻成了人們希望趕盡殺絕的害群之馬。

適應環境不是件易事，不僅僅樟樹如此，人也一樣，無論有多麼可以值得炫耀的資本，一旦脫離了賴以生存的環境，一切都得從頭開始，也許適應環境，得到更好的發展，也許不能適應環境，隨波逐流，甚至成為樟樹一樣的害群之馬。

莫道前路無知己
天下誰人不識君

橙樹 Alder Tree

鐘子期死，伯牙終身不撫古琴，高山流水覓知音，難怪都說相識滿天下，知心能幾人？

其實知音難覓的故事並不僅僅發生在人與人之間，弗蘭克菌從小就知道並不是所有的樹都喜歡自己，本來他是好意想幫助大樹們幸福生活，給他們的根部提供充足的營養，他不加選擇地認識了許多朋友，可是很多樹不是離他遠遠的，就是病病歪歪的希望離他遠遠的。

直到有一天他遇到了橙樹，橙樹的根部非常感謝弗蘭克菌的到來，他們在奇妙的大自然中可以共生，形成一個能固定空氣中氮的根瘤，這個根瘤不斷地給橙樹提供營養，同時橙樹通過光合作用送給弗蘭克菌他最喜愛吃的糖……這種共生的特點，讓橙樹擁有了奇特的魅力，在貧瘠的土壤裏，橙樹不但能生存下來，而且還能改造土壤環境，使貧瘠的土壤變得富饒起來，這一點都多虧了弗蘭克菌的幫助。

橙樹大部分生長在潮濕的地方，河邊濕地是他理想的家園，他們家族一共有 30 多個品種，在世界各地都有種植。橙木另外一個特點是從他的身上能提煉出一種黃色的染料，如果把橙木

伐倒後，不出幾天他就自己分泌出這種黃色的染料，據說有的品種還可以提煉出綠色的染料，橙木的木質很軟，在露天裏很容易腐爛，可是在水裏或濕地卻異常長壽，因此威尼斯和阿姆斯特丹就都建築在浸在水裏的橙木上。

　　橙木和弗蘭克菌的身世彷彿是一部協力合作，揚長避短的勵志電影，如果沒有遇見知音弗蘭克菌，橙木不會茁壯成長，如果不是耐水性好，那麼他也就是朽木一棵……知音難覓覓知音，我們又何嘗不是希望能像橙樹這樣，遇見自己的弗蘭克菌呢？不過古詩中還有一句：莫愁前路無知己，天下誰人不識君。

風中起舞舞翩躚

白楸樹 Turn-In-The-Wind

實話實說，這是我第一次覺得英文的樹名充滿了中國式的詩情畫意，「風中起舞」怎麼說也比白楸活波可愛，見字如面，彷彿能看到清風徐來，白楸在風中翩翩起舞，婀娜多姿。

　　其實所有的樹在風中都可以搖搖擺擺，為何這種樹叫「風中起舞」呢？究竟又是什麼樣的風能讓白楸樹翩翩起舞呢？我沒有答案，不過我想關於白楸的問號應該是這樣打開的：迎著拂面而來的東風，白楸慢慢舒展腰身，樹葉翻滾，春風得意，彷彿白浪起伏，迎風招展，嫵媚多姿……正如古詩中所說：「等閑識得東風面，萬紫千紅總是春。」東風伴舞應該是「風中起舞」一生中最優美的舞姿。

　　接下來是「細雨茸茸濕楝花，南風樹樹熟枇杷。」的季節，此時的白楸已經開花結果，她綠色的果實上面長滿了一些小小的刺，裏麵包著的種子是黑色的，每當溫暖的南風習習吹來，白楸長袖善舞，在風中一搖一擺送孩子們踏上了自己的人生旅途，外面的世界很精彩，她希望南風能把孩子們帶得遠一點，再遠一點。

　　時光荏苒，很快又到了「昨夜西風凋碧樹，

獨上高樓，望盡天涯路。」的時候，西風吹過，萬木凋零，白楸的舞姿已經沒有了從前的瀟灑自如，她的葉子開始脫落，只剩下乾枯的軀幹在風中淩亂不堪地飄來飄去，她的心隨著西風飛向了遠方，牽挂著孩子們的生活，他們的一切可都安好？無奈沒有任何消息，縱有萬般思念，又與誰人說呢？西風能傳信嗎？彷彿這一切只能聽天由命，真是秋風秋雨愁煞人啊！……轉眼間「木落山高一夜霜，北風驅雁又離行。」

　　冬天降臨的時候，白楸已經無法隨風起舞了，她滿頭白髮，步履蹣跚，多麼希望能有一棵大樹為自己遮擋一點風寒啊，可是北風無情無意，依然不停地抽打著她弱小的身子……不過白楸心裏對自己的處境一點都不感到悲哀，她深深扎在大地裏的根已經聽到了越來越近的春的腳步聲。

　　想象歸想象，現實歸現實，其實白楸只是一種能長到五米高左右的常綠喬木，在澳洲東部和東南亞的一些國家廣泛分布，白楸根本經不起我這東南西北風的一陣亂吹亂刮，不過世間萬物，從來都是仁者見仁，智者見智，你眼中的白楸

同我心目中的白楸可能永遠都不會是一樣，對我來說「turn」是舞姿，是倩影，是美麗，對你來說「turn」可能是摸爬滾打，是折騰，是翻轉跳躍……不管怎樣，我還是想親眼目睹白楸在風中究竟是怎樣「turn」的。

與雪的一場約會

雪樹 Snow Wood

暮色蒼茫，白雪皚皚，遠處青山彷彿戴上了一頂白色的帽子，凜冽的寒風吹在臉上，刀割一般難受，詩人劉長卿騎在馬上，歸心似箭，無奈天色已晚，不得不在芙蓉山下路邊的人家投宿，進了房間後，劉長卿意識到這是一戶貧苦人家，屋裏沒有什麼擺設，可以說是家徒四壁，一盞小油燈放在炕桌上，火苗在寒風中搖曳跳躍，一切顯得十分淒涼，社會動盪，民不聊生，官場失意，讓詩人在小屋裏的朦朧睡意早已消失得一乾二淨，望著一窗寒雪，思緒飄向了遠方。

　　夜深人靜之時，突然聽到門外傳來了一陣狗叫聲，從屋裏向窗外望去，月光之下，只見一人披著斗篷，滿身是雪地推開院門回家了……此情此景觸動了詩人心底最溫柔的地方，無論多麼貧窮，家總是最溫暖的地方，無論身在何處，也無論刮風下雪，我們總是走在回家的路上……劉長卿起身借著微弱的燈光，攤開筆墨紙硯，寫下了這樣感人至深的詩句：「日暮蒼山遠，天寒白屋貧。柴門聞犬吠，風雪夜歸人。」夜歸人是誰，為什麼這麼晚才回來？推門回家的感受如何？詩人用「風雪夜歸人」這樣一句話就把這一切的一切

都交給了我們的想象。

遺憾的是這種生長在昆士蘭東北部和新南威爾北部的雪樹，卻從來沒有見過雪，這種雪樹同猴耳環樹大概是同一個家族的，也是一種豆莢樹，果實成熟後裂開，裏面的種子是黑色的，雪樹的身高 15 米，查了她的拉丁文學名，居然還是含羞草科屬，不知道她們之間又有什麼關聯？雪樹沒見過雪，為什麼還叫雪樹呢？

讀到過一種觀點，說是越是沒什麼就越想要什麼，澳洲絕大部分地區沒有雪，尤其是在 12 月份的時候，北半球大雪紛飛，南半球卻是艷陽高照，所有的澳洲人都盼望能有一個白色的聖誕節，所以我想這種樹也許就是這種盼望的產物。

雖然我們沒有雪，但是我們有雪樹。雪樹固然美麗，但是在雪樹之下觀賞雪樹的人們，開車回家的路上，是否還能夠體會到風雪夜歸人推開柴門時的那種心情呢？

滿樹金黃滿樹詩

銀杏樹 Ginkgo Tree

沒想到昨天下午散步時，我在街角的人家院子裏遇見了一棵銀杏樹。那些黃色的扇形葉子在陰沉的天色映襯下，顯得格外耀眼，彷彿在訴說著秋天的故事。我情不自禁地從地上拾起一些葉子，準備壓在書中做成書籤，留作對美好時光的紀念。

　　銀杏樹是一種落葉喬木，通常可以高達 20 至 35 米，樹冠呈傘形或圓形，樹幹粗壯，樹皮呈灰色，具有明顯的縱裂，給人一種古老而穩重的感覺。它的葉子扇形，邊緣波浪狀，秋季時變成金黃色，極具觀賞價值。銀杏樹以其頑強的適應性著稱，能夠在各種土壤條件下生長，即便是貧瘠的環境也能蓬勃發展。

　　雖然這棵樹的魅力並不僅限於它的外觀，銀杏樹的果實也頗具特色。果實外層為黃色果肉，內核為白色種子，成熟時散發著獨特的香氣。雖然我沒有見到落地的白果，聽說它腐爛後會散發出刺鼻的氣味，但如果及時處理，洗淨後煮熟便可食用。銀杏果的外皮潔白，內裏的果肉如祖母綠般晶瑩，伴隨著淡淡的清香，咬下去時微苦，但咀嚼後清香四溢，帶來別樣的美味體驗。其實，

在許多地方，銀杏果被視為美味佳肴，常用來製作甜品、湯品，甚至被加入到米飯中，成為獨特的風味。

銀杏樹的季節變化同樣動人：春天，銀杏樹開始發芽，嫩綠的葉子如新生的希望；夏天，枝繁葉茂，提供遮陽的庇護；秋天，葉子變成金黃色，彷彿是為這個季節的到來而特意打扮；冬天，盡管葉子凋落，樹幹依舊挺立，象徵著堅韌與頑強。每個季節都有它獨特的美麗，像是在向人們展示生命的韌性。

這樣的時光，真的讓人心生感激。銀杏樹在這個秋季裏，不僅帶來了溫暖與寧靜，更讓人感受到自然的偉大與生命的頑強。每當看到那幾片金黃的葉子，我都會想起這棵銀杏樹，心中充滿了美好的回憶與期盼，彷彿生活中也有了無限的可能與希望。

吃不下去的鵝掌

鵝掌楸 Tulip Tree

我終於想明白了，給樹起名字的人一定都是吃貨，這也難怪，民以食為天嗎！林中漫步之時，遇到不認識的果子或什麼蘑菇之類，我想到的第一個問題也是這東西能吃嗎？覺得這也符合我們人類認識世界的規律，先有感性認識，然後上升到理性認識。

　　其實用鵝掌和鬱金香來形容這種樹都是恰如其分的，看其花，的確跟鬱金香神似；看其葉，又與鵝掌產生強烈的共鳴。所以只好蘿蔔青菜各有所愛，英文取其花，叫她鬱金香樹，高大上，彷彿能登大雅之堂的陽春白雪；中文取其葉，叫她鵝掌楸，接地氣兒，彷彿尋常百姓家的下裏巴人，沒有對錯之分，異曲同工。

　　如果真的要正本清源的話，那麼鵝掌楸的拉丁學名叫 Liriodendron，這個名字其實本意是指丁香樹，與鵝掌和鬱金香沒有絲毫的關連，另外因為鵝掌楸的葉子在秋天時會變黃，所以有些人也把這種樹叫黃楊樹或者馬褂樹，但是鵝掌楸根本就不是楊樹，說起來她同玉蘭花是一個大家族的，這馬褂樹又是說秋天時滿樹黃葉就像一個披著黃袍馬褂的滿清要員。

言歸正傳，鵝掌楸是一種珍貴樹種，現存只有生長在北美和中國的兩種鵝掌楸樹，在歐洲大陸卻沒有任何足跡，只是後來從美國引進了這個樹種，植物學家考證在冰川第三紀來臨之前，地球上大概有十幾種鵝掌楸，歐洲大陸也有幾種鵝掌楸，只是後來又是冰川又是火山的，在歐洲大陸就只能從化石裏來瞭解鵝掌楸的故事了，由此看來鵝掌楸也是歷史淵源悠久的一種古老植物，從千百萬年前一直穿越到今天。

澳洲的鵝掌楸身材魁梧，是林中的巨人，能長到 40 多米高，木質優良，用途廣泛，還可藥用。我對鵝掌楸樹開花很好奇，像是鬱金香，又不是鬱金香，這花香不香呢？如果香，又是什麼味道呢？據說鵝掌楸開花有淡淡的黃瓜味，清香撲鼻而來⋯⋯黃瓜拌涼菜，看來繞來繞去還是沒走出吃貨的思維方式。

荣之美者，雲夢之芹

芹菜樹 Celerywood

在現代人的眼裏，芹菜真是太普普通通的一小菜兒了，登不上大雅之堂，但豈不知芹菜歷史悠久，源遠流長，在中國從漢代開始就有種植，《呂氏春秋》中就有這樣的記載：「菜之美者，雲夢之芹。」開始我以為是說芹菜太漂亮了，如雲如夢，後來才明白，原來雲夢是指雲夢澤，古代中國最大的淡水湖之一，位於楚國，現在已經大部分變成陸地了，這句話的意思實際上是說最好吃的菜莫過於雲夢澤邊的芹菜了。

喜歡吃芹菜的不僅僅有我這樣的無名之輩，還有比我更喜歡芹菜的，甚至於把自己的名字也改了，沒錯兒，那就是大名鼎鼎寫出《紅樓夢》的曹雪芹，據說「雪芹」這兩個字出自蘇軾的詩句：「泥芹有宿根，一寸嗟獨在；雪芹何時動，春鳩行可膾」，意思是說污泥很污，但從泥裏長出來的芹菜卻出污泥而不染，我只知道荷花出污泥而不染，看來以後還可以說芹菜出污泥而不染了，於是嚮往「質本潔來還潔去」的曹霑從此變成了世人皆知的曹雪芹。

說了半天，其實芹菜和芹菜樹沒什麼瓜葛，芹菜樹主要生長在澳洲的東海岸，是一種常綠灌

木，學名是五加屬的福祿桐，也叫南洋參，在一定的環境裏可以長到 30 多米高，果實成熟後是紫色的小顆粒，據說許多小鳥都喜歡吃這種漿果，或許是因為這種漿果有芹菜味？不懂鳥語，也許只有親自嘗一嘗才能知道。

吃芹菜這件事兒，倒是還有一個典故，宋朝的時候有一個窮人特別喜歡吃芹菜，於是以為天下人一定也都喜歡吃芹菜，所以把自家的芹菜慷慨地送給村裏的富人品嚐，沒想到富人吃了又是燒心又是鬧肚子，根本無法享受……所以就派生了「芹獻」這個謙詞，表示自己送給別人的禮品非常微薄之意，而且別人還不見得喜歡。

我的理解是，蘿蔔白菜各有所好，送禮之事強求不得，不過既然送得坦然，就不必計較後果。

畫下那些樹

我對國畫、油畫、水彩、水粉等各畫種沒有偏見，但偏愛水彩，尤其喜歡用水彩表現綠植花卉、風景。拿出一張水彩紙，在上面刷水，點上顏料，看顏色在紙面上炸開，然後畫成一片葉子、一瓣花瓣、一顆果子……實在是太治愈了。我以為用水彩來表現花卉、植物和風景是非常清新可愛的。

我給自己寫的稿子畫插圖，雖然也有食物、人物、生活場景等等，但因為喜歡水彩花卉，我甚至把一個寫了多年的美食專欄轉進了「可食花卉」的小路，這讓我在艱苦的寫作中獲得了一些快樂。所以，當瑋東找到我，要我畫《走近一棵樹》插圖的時候，我便開心地接受了。

對瑋東的文字我並不陌生，我們一起給《新青年》雜誌寫專欄多年，是一路寫過來的夥伴。

看他的稿子，那些樹會來到我的面前，花、莖、葉、枝條、樹幹⋯⋯枝繁葉茂地展現在我的腦海裏。法國插畫家讓－雅克·桑貝說，從畫畫的一開始我就想畫幸福的人。而我想幸福地畫花畫樹。

　　瑋東的文字溫潤細膩，感受豐富，情緒飽滿，雖然是散文，不是植物學論文，但是具有植物科學的準確性。因而，我畫插圖時也力求準確。接手之初，我以為畫應該是艱難的部分，畢竟澳洲的很多植物是我沒見過的。沒想到的是，查找資料成為了繁瑣而量大的任務。我和瑋東頻繁地聯繫，確定他寫的「那棵樹」是「哪棵樹」。我原有很多關於植物的藏書，為此又買了很多和植物、樹有關的書籍、畫冊。原則上，我用資料的順序是出版物、專業網站，同時用網絡上其它的資料作為參考和輔助，不論是花葉枝果還是根莖都經過多方確定以後才進行創作的，圖片盡量寫實，但是並不拘泥寫實，水洇的背景，光線影響下的色彩變化總是魅惑著我，這一點，像瑋東的文字不是科學論文一樣，我的繪畫也不是植物圖鑒。

　　瑋東的故鄉也是我的家鄉，在中國東北的哈爾濱，一年之中有半年是冬季，雖然緯度比法國

巴黎、俄羅斯莫斯科等等冬季沒有那麼寒冷的城市還低，但是因西伯利亞冷風的長驅直入而成為一個冬天特別寒冷的地方，不僅是人，植物生存也艱難，在春夏秋三個季節合起來僅有六個月的時間裏，哈爾濱這座城市的綠植急匆匆地生發、開花、結果，然後就進入漫長的冬藏了。因而，我對植物格外珍惜。而澳大利亞是一個溫暖的南半球國度，那裏的植物豐富多樣。但在繪畫過程中我發現，悉尼和哈爾濱似乎也有著某種聯結，比如悉尼的鴛鴦茉莉樹是一種高大開花的樹，在哈爾濱，我的家裏，也有一株養在花盆裏，養了十多年了，卻只有一尺來高。在澳洲可以把整個城市染成藍紫色的藍花楹，在我南方家的小區裏也有一棵盈盈獨立著，路過的時候，一朵小花飄搖而下，我想象著它們在悉尼、在藍花楹小鎮 Grafton 鋪天蓋地的樣子。還有鵝掌楸、傘木蘭、榆樹、楊樹、楓樹、梧桐等等，在哈爾濱或者國內南方也很常見。和瑋東交流的時候，我們常常為這些發現開心不已。

2024 年 2 月開始畫第一張插圖到 11 月畫最後的封面，期間總共畫了 200 多幅，有一些

自己不滿意的便 pass 掉了，用在書中的應該有 120 張左右。作為插圖，在數量上應該是十分充分的。

　我希望看這本書的讀者在沉浸於文字美的同時，也有視覺上的落點。在紙質書籍日漸衰微也更加珍貴的時代，我對紙、對印在紙上的文字、手繪的圖畫仍然有著古典的熱愛，希望在讀者中能尋求到更多的同好者。

11/19/2024 7:34 PM 於哈爾濱

後　記

　　如果有人問我出版第一本書的感受，腦海裏首先浮現的是詩人李白的那句：蜀道難，難於上青天！碰巧英文裏也有類似的說法：希臘神話大力神赫拉克勒斯的任務 (a Herculean task)，不管怎麼說，異曲同工，通向美好的道路從來都不是一條直線，常常遇到意想不到的困難和障礙，不過一步一步地一路走來，美夢成真，終於如釋重負。

　　首先想到的是感謝，對出書幫助最大的是好友米粒，她的手繪彩圖，她的建議和指導，讓我彷彿如虎添翼，也讓讀者大飽眼福，如果沒有米粒的水彩手繪插圖，這本書一定會失色不少，感激之情，無以言表。

　　在一場跨地域跨領域的國際合作過程中，最重要的就是默契，米粒常說我畫好了就發給你，咱們倆有時差，什麼時候回我都沒關係，我說沒關係，看到就回你。於是常常是一覺兒醒來，打

開手機，就看到了米粒發來的美圖：有美麗的花兒，各種顏色的葉子，樹下的小人兒，讓人垂涎欲滴的果子……

為了畫好這些插圖，米粒參考了大量有關植物的書籍，精益求精地反復考證每一種樹的屬性，這種樹是什麼科、什麼屬成了我們日常交流的主要話題，為了不誤導讀者，我們對書中的每一種樹都幾乎查遍了所能找到的英文和中文的各種文獻和網站，發現錯誤就及時糾正，本來寫了一百多種樹，但限於篇幅就忍痛割愛了。雖然工作繁瑣，但這也加深了我們對澳洲各種樹木的進一步瞭解。盡管竭盡全力，但畢竟不是專業人士，挂一漏萬在所難免，在此誠懇希望讀者的批評和指正。

爬格子苦，不過苦中有樂，最有趣的是研究樹的名字，樹不但有學名，還有各種各樣的俗稱，像白楸樹就有「迎風翻浪」的美名，還有很多樹名是人們根據日常生活的體驗而起的名字，像花生樹、芹菜樹、胡羅蔔樹、鵝掌楸等等讓人忍俊不禁。在瞭解榆樹的過程中，偶然發現有一種榆樹是以故鄉的名字命名的，就叫哈爾濱榆，親切

感人，一下子拉近了我和樹的距離，彷彿他鄉遇故知。我也相信冥冥之中有一股神奇的力量，讓米粒在去藥店買藥的時候，發現了含有猴耳環浸液的猴耳環消炎片；讓我在喝琴通寧雞尾酒的時候，發現了通寧水裏用了奎寧樹（金雞納霜）的香料。於是，我們寫的樹和畫的樹就這樣在生活中又與我們不期而遇。

　　植物的科屬更是一言難盡，譬如大戟屬以其種類多、變異性大而聞名於世，是被子植物中分類最困難的屬之一，一共有兩千多種，有一些至今還有爭議，如果不是獨一無二，真的是眼花繚亂。我見過的雪松樹，上面的松塔都是圓形的，而米粒畫的雪松的松塔是尖形的，就曾自以為是地想是不是畫錯了？怎麼跟我看見的不一樣呢？後來查證才知道原來樹也分雌雄，有雌雄同株，也有雌雄異株。雪松是雌雄異株，尖形的是雄雪松樹，結圓形松塔的是雌雪松樹，大自然真是奇妙無比。

　　除此之外，南北半球，季節顛倒，我的春天在北半球已是秋風瑟瑟，我的夏天在北半球已是寒風刺骨，按照我的春夏秋冬，同北半球相比，

有些樹木開花的季節也顛倒了，因此米粒常常戲言被我帶錯了節奏，在此也請各位讀者諒解。

其次，要感謝所有在微信朋友圈給我點讚的朋友們，是你們的鼓勵和喜愛成就了這本書，沒有你們，我也不會走到今天。特別感謝澳洲德福出版社的編輯和美編，他們的專業和敬業讓這本書能完美地展現在讀者面前。

最後，要感謝我的家人和生我養我的父母，沒有他們的愛和無私的奉獻，就沒有這本書的誕生。尤其要感謝我的父母，是他們在我人生的關鍵時刻，放手讓我成為自己。我把自己的第一本書獻給我的父母，家人和所有關心我的朋友們。

我愛這世界上的一花一草一木，我愛這本書中的文字和插圖，但我更愛你們！

2024 年 11 月於悉尼

附錄:中、英、拉丁文樹木名稱表

春之浪漫篇

1. 傘木蘭 (Umbrella Tree)

❖學名: Schefflera actinophylla

❖科屬:五加科 (Araliaceae),南鵝掌柴屬 (Schefflera)

2. 三葉楊 (Cottonwood Tree)

❖學名: Populus deltoides

❖科屬:楊柳科 (Salicaceae) 楊屬 (Populus)

3. 澳洲腰果樹 (Tar Tree)

❖學名: Semecarpus australiensis

❖科屬:漆樹科 (Anacardiaceae) 漆樹屬 (Semecarpus)

4. 藍花楹 (Jacaranda Tree)

❖學名: Jacaranda mimosifolia

❖科屬:紫葳科 (Bignoniaceae) 藍花楹屬 (Jacaranda)

5. 婦人舌樹 (Woman's Tongue Tree)

❖學名：Albizia lebbeck

❖科屬：豆科 (Fabaceae) 合歡屬 (Albizia)

6. 瓶子樹 (Bottle Tree)

❖學名：Brachychiton rupestris

❖科屬：梧桐科 (Sterculiaceae) 瓶乾樹屬 (Brachychiton)

7. 玉蘭樹 (Magnolia Tree)

❖學名：Magnolia soulangeana

❖科屬：木蘭科 (Magnoliaceae) 木蘭屬 (Magnolia)

8. 柳樹 (Weeping Willow)

❖學名：Salix babylonica

❖科屬：楊柳科 (Salicaceae) 柳屬 (Salix)

9. 櫻桃樹 (Cherry Tree)

❖學名：Prunus avium

❖科屬：薔薇科 (Rosaceae) 李屬 (Prunus)

10. 杜鵑花 (Azalea)

❖學名：Rhododendron simsii

❖科屬：杜鵑花科 (Ericaceae) 杜鵑花屬 (Rhododendron)

11. 玫瑰 (Rose)

❖學名：Rosa chinensis

❖科屬：薔薇科 (Rosaceae) 薔薇屬 (Rosa)

12. 蒂牡花 (Tibouchina)

❖學名：Tibouchina urvilleana

❖科屬：野牡丹科 (Melastomataceae) 野牡丹屬 (Tibouchina)

13. 肉豆蔻樹 (Queensland Nutmeg)

❖學名：Myristica insipida

❖科屬：肉豆蔻科 (Myristicaceae) 肉豆蔻屬 (Myristica)

14. 木棉樹 (Silk Cotton Tree)

❖學名：Bombax ceiba

❖科屬：錦葵科 (Malvaceae) 木棉屬 (Bombax)

15. 瓶刷子樹 (Bottlebrush Tree)

❖學名：Callistemon citrinus

❖科屬：桃金娘科 (Myrtaceae) 瓶刷子屬 (Callistemon)

16. 曼陀羅樹 (Angel's Trumpets)

❖學名：Brugmansia suaveolens

❖科屬：茄科 (Solanaceae) 木曼陀羅屬

(Brugmansia)

17. 桃金娘葉遠志 (Sweet Pea Shrub)

❖學名: Polygala myrtifolia

❖科屬:遠志科 (Polygalaceae) 遠志屬 (Polygala)

18. 流蘇樹 (Chinese Fringe Tree)

❖學名: Chionanthus retusus

❖科屬:木犀科 (Oleaceae) 流蘇樹屬 (Chionanthus)

19. 大葉醉魚草樹 (Butterfly Bush)

❖學名: Buddleja davidii

❖科屬:玄參科 (Scrophulariaceae) 醉魚草屬 (Buddleja)

20. 海棠樹 (Chinese Crab Tree)

❖學名: Malus floribunda

❖科屬:薔薇科 (Rosaceae) 蘋果屬 (Malus)

21. 山櫻花樹 (Bellflower Cherry Tree)

❖學名: Prunus campanulata

❖科屬:薔薇科 (Rosaceae) 李屬 (Prunus)

22. 鴛鴦茉莉 (Yesterday, Today and Tomorrow)

❖學名: Brunfelsia latifolia

❖科屬:茄科 (Solanaceae) 番茉莉屬 (Brunfelsia)

23. 含笑樹 (Banana Shrub)

❖學名: Michelia figo

❖科屬:木蘭科 (Magnoliaceae) 含笑屬 (Michelia)

夏之絢爛篇

24. 合歡樹 (Rain Tree)

❖學名: Albizia saman

❖科屬:豆科 (Fabaceae) 合歡屬 (Albizia)

25. 黑豆樹 (Black Bean Tree)

❖學名: Castanospermum australe

❖科屬:豆科 (Fabaceae) 澳洲栗屬 (Castanospermum)

26. 桑椹樹 (Mulberry Tree)

❖學名: Morus alba

❖科屬:桑科 (Moraceae) 桑屬 (Morus)

27. 火焰樹 (Flame Tree)

❖學名：Brachychiton acerifolius

❖科屬：錦葵科 (Malvaceae) 瓶樹屬 (Brachychiton)

28. 直升機樹 (Helicopter Tree)

❖學名：Gyrocarpus americanus

❖科屬：蓮葉桐科 (Hernandiaceae) 旋翼果屬 (Gyrocarpus)

29. 火輪樹 (Firewheel Tree)

❖學名：Stenocarpus sinuatus

❖科屬：山龍眼科 (Proteaceae) 火輪樹屬 (Stenocarpus)

30. 英國榆木 (English Elm)

❖學名：Ulmus procera

❖科屬：榆科 (Ulmaceae) 榆屬 (Ulmus)

31. 雞蛋花樹 (Frangipani Tree)

❖學名：Plumeria

❖科屬：夾竹桃科 (Apocynaceae) 緬梔屬 (Plumeria)

32. 銀荊樹 (Silver Wattle)

❖學名：Acacia dealbata

❖科屬:豆科 (Fabaceae) 相思樹屬 (Acacia)

33. 棕櫚樹 (Palm Tree)

❖學名: Arecaceae

❖科屬:棕櫚科 (Arecaceae) 檳榔屬 (Areca)

34. 紫薇 (Crape Myrtle)

❖學名: Lagerstroemia

❖科屬:千屈菜科 (Lythraceae) 紫薇屬 (Lagerstroemia)

35. 澳洲聖誕樹 (Christmas Tree)

❖學名: Nuytsia floribunda

❖科屬:桑寄生科 (Loranthaceae) 金焰檀屬 (Nuytsia)

36. 紅樹林 (Red Mangrove Tree)

❖學名: Rhizophora mangle

❖科屬:紅樹科 (Rhizophoraceae) 紅樹屬 (Rhizophora)

37. 好萊塢樹 (Hollywood Tree)

❖學名: Heteromeles arbutifolia

❖科屬:薔薇科（Rosaceae）柳石楠屬（Heteromeles）

38. 洋蔥樹 (Onionwood Tree)

❖學名: Syzygium alliiligneum

❖科屬:桃金娘科 (Myrtaceae) 蒲桃屬 (Syzygium)

39. 奎寧樹 (Quinine Tree)

❖學名: Cinchona pubescens

❖科屬:茜草科 (Rubiaceae) 金雞納屬 (Cinchona)

40. 梔子花樹 (Gardenia Tree)

❖學名: Gardenia jasminoides

❖科屬:茜草科 (Rubiaceae) 梔子屬 (Gardenia)

41. 苦楝樹 (Chinaberry Tree)

❖學名: Melia azedarach

❖科屬:楝科 (Meliaceae) 楝屬 (Melia)

42. 九裏香樹 (Orange Jasmine)

❖學名: Murraya paniculata

❖科屬:芸香科 (Rutaceae) 九裏香屬 (Murraya)

43. 澳洲赤楠樹 (Liliy Pilly Tree)

❖學名: Syzygium smithii

❖科屬:桃金娘科 (Myrtaceae) 蒲桃屬

(Syzygium)

44.含羞樹 (Blushwood Tree)

❖學名: Fontainea picrosperma

❖科屬:大戟科 (Euphorbiaceae) 芳塔尼屬 (Fontainea)

45.斑克木 (Banksia)

❖學名: Banksia

❖科屬:山龍眼科 (Proteaceae) 斑克木屬 (Banksia)

46.露兜樹 (Screw Pine)

❖學名: Pandanus tectorius

❖科屬:露兜樹科 (Pandanaceae) 露兜樹屬 (Pandanus)

秋之靜美篇

47.法國梧桐 (Plane Tree)

❖學名: Platanus acerifolia

❖科屬:懸鈴木科 (Platanaceae) 懸鈴木屬 (Platanus)

48. 滴血心樹 (Bleeding Heart Tree)

❖學名: Homalanthus populifolius

❖科屬:大戟科 (Euphorbiaceae) 澳楊屬 (Homalanthus)

49. 石栗樹 (Candlenut Tree)

❖學名: Aleurites moluccanus

❖科屬:大戟科 (Euphorbiaceae) 石栗屬 (Aleurites)

50. 象豆樹 (Matchbox Bean Tree)

❖學名: Entada phaseoloides

❖科屬:豆科 (Fabaceae) 榼藤子屬 (Entada)

51. 楓樹 (Maple Tree)

❖學名: Acer

❖科屬:無患子科 (Sapindaceae) 楓屬 (Acer)

52. 橘樹 (Orange Tree)

❖學名: Citrus reticulata

❖科屬:芸香科 (Rutaceae) 柑橘屬 (Citrus)

53. 梣樹 (Ash Tree)

❖學名: Fraxinus

❖科屬:木犀科 (Oleaceae) 梣屬 (Fraxinus)

54. 蘋果樹 (Apple Tree)

❖學名：Malus domestica

❖科屬：薔薇科 (Rosaceae) 蘋果屬 (Malus)

55. 橄欖樹 (Olive Tree)

❖學名：Olea europaea

❖科屬：木犀科 (Oleaceae) 木犀欖屬 (Olea)

56. 栗子樹 (Chestnut Tree)

❖學名：Castanea sativa

❖科屬：殼鬥科 (Fagaceae) 栗屬 (Castanea)

57. 桃樹 (Peach Tree)

❖學名：Prunus persica

❖科屬：薔薇科 (Rosaceae) 李屬 (Prunus)

58. 山毛櫸 (Beech Tree)

❖學名：Fagus sylvatica

❖科屬：殼鬥科 (Fagaceae) 水青岡屬 (Fagus)

59. 糖木樹 (Sugarwood)

❖學名：Myoporum platycarpum

❖科屬：玄參科 (Scrophulariaceae) 苦檻藍屬 (Myoporum)

60. 猴耳環樹 (Scarlet Bean Tree)

❖學名：Archidendron lucyi

❖科屬：豆科 (Fabaceae) 猴耳環屬

(Archidendron)

61. 羅望子 (Tamarind Tree)

❖學名: Tamarindus indica

❖科屬:豆科 (Fabaceae) 酸豆屬 (Tamarindus)

62. 墨欖果 (Emu Apple)

❖學名: Owenia acidula

❖科屬:楝科 (Meliaceae) 鵬鵲果屬 (Owenia)

63. 柿子樹 (Persimmon Tree)

❖學名: Diospyros kaki

❖科屬:柿樹科 (Ebenaceae) 柿屬 (Diospyros)

64. 花生樹 (Peanut Tree)

❖學名: Sterculia quadrifida

❖科屬:錦葵科 (Malvaceae) 蘋婆屬 (Sterculia)

65. 框檔樹 (Quandong Tree)

❖學名: Santalum acuminatum

❖科屬:檀香科 (Santalaceae) 檀香屬 (Santalum)

66. 榅桲樹 (Quince Tree)

❖學名: Cydonia oblonga

❖科屬:薔薇科 (Rosaceae) 榅桲屬 (Cydonia)

67. 烏桕樹 (Chinese Tallow Tree)

❖學名：Triadica sebifera

❖科屬：大戟科 (Euphorbiaceae) 烏桕屬 (Triadica)

68. 櫟樹 (Oak Tree)

❖學名：Quercus robur

❖種屬：殼鬥科 (Fagaceae) 櫟屬 (Quercus)

69. 胡蘿蔔樹 (Tuckeroo Tree)

❖學名：Cupaniopsis anacardioides

❖科屬：無患子科 (Sapindaceae) 澳山蘿屬 (Cupaniopsis)

冬之長青篇

70. 紅口桉樹 (Scribbly Gum)

❖學名：Eucalyptus haemastoma

❖科屬：桃金娘科 (Myrtaceae) 桉屬 (Eucalyptus)

71. 南洋杉 (Monkey Puzzle)

❖學名: Araucaria araucana

❖科屬:南洋杉科 (Araucariaceae) 南洋杉屬 (Araucaria)

72. 蘇鐵樹 (Cycad)

❖學名: Cycas revoluta

❖科屬:蘇鐵科 (Cycadaceae) 蘇鐵屬 (Cycas)

73. 無花果 (Moreton Bay Fig Tree)

❖學名: Ficus macrophylla

❖科屬:桑科 (Moraceae) 榕屬 (Ficus)

74. 紫杉樹 (Yew)

❖學名: Taxus baccata

❖科屬:紅豆杉科 (Taxaceae) 紅豆杉屬 (Taxus)

75. 意大利柏 (Italian Cypress)

❖學名: Cupressus sempervirens

❖科屬:柏科 (Cupressaceae) 柏木屬 (Cupressus)

76. 恐龍杉 (Wollemi Pine)

❖學名: Wollemia nobilis

❖科屬:南洋杉科 (Araucariaceae) 恐龍杉屬 (Wollemia)

77. 松樹 (Pine Tree)

❖學名: Pinus sylvestris

❖科屬:松科 (Pinaceae) 松屬 (Pinus)

78. 水杉 (Dawn Redwood)

❖學名: Metasequoia glyptostroboides

❖科屬:柏科 (Cupressaceae) 水杉屬 (Metasequoia)

79. 白樺樹 (Birch Tree)

❖學名: Betula

❖科屬:樺木科 (Betulaceae) 樺木屬 (Betula)

80. 山茶花樹 (Camellia Tree)

❖學名: Camellia japonica

❖科屬:山茶科 (Theaceae) 山茶屬 (Camellia)

81. 冬青樹 (Holly Tree)

❖學名: Ilex aquifolium

❖科屬:冬青科 (Aquifoliaceae) 冬青屬 (Ilex)

82. 雪松 (Cedar)

❖學名: Cedrus libani

❖科屬:松科 (Pinaceae) 雪松屬 (Cedrus)

83. 火麻樹 (Stinging Tree)

❖學名: Dendrocnide moroides

❖科屬:蕁麻科 (Urticaceae) 火麻樹屬 (Dendrocnide)

84. 奇子樹 (Idiotfruit Tree)

❖學名: Idiospermum

❖科屬:臘梅科 (Calycanthaceae) 奇子樹屬 Idiospermum)

85. 鐵木樹 (Ironwood)

❖學名: Casuarina equisetifolia

❖科屬:木麻黃科 (Casuarinaceae) 木麻黃屬 (Casuarina)

86. 樟木 (Camphor Tree)

❖學名: Camphora officinarum

❖科屬:樟科 (Lauraceae) 樟屬 (Camphora)

87. 榿樹 (Alder Tree)

❖學名: Alnus glutinosa

❖科屬:樺木科 (Betulaceae) 榿木屬 (Alnus)

88. 白楸樹 (Turn-In-The-Wind)

❖學名: Mallotus paniculatus

❖科屬:大戟科 (Euphorbiaceae) 野桐屬 (Mallotus)

89. 雪樹 (Snow Wood)

❖學名：Pararchidendron pruinosum

❖科屬：豆科 (Fabaceae) 雪樹屬 (Pararchidendron)

90. 銀杏樹 (Ginkgo Tree)

❖學名：Ginkgo biloba

❖科屬：銀杏科 (Ginkgoaceae) 銀杏屬 (Ginkgo)

91. 鵝掌楸 (Tulip Tree)

❖學名：Liriodendron tulipifera

❖科屬：木蘭科 (Magnoliaceae) 鵝掌楸屬 (Liriodendron)

92. 芹菜樹 (Celerywood)

❖學名：Polyscias elegans

❖科屬：五加科 (Araliaceae) 南洋參屬 (Polyscias)

參考資料

圖書：

    1. Cronin's Key Guide to Australian Trees，作者 Leonard Cronin，Allen & Unwin 2009 年版，ISBN: 978174175628

    2. Trees of Australia: Green Guide，作者 Peter Krish，New Holland Publishers 2018 年版，ISBN: 9781921517839

    3. Native Trees and Shrubs of South-Eastern Australia: Includes Addendum of Change and New Species，作者 Leon Costermans，New Holland Publishers 2006 年版，ISBN: 9781877069703

    4. The Ultimate Book of Trees and Shrubs for Australian Gardens，作者 Tony Rodd，New Holland Publishers 2015 年版，ISBN: 9781925078760

    5. The Concise Australian Flora, 作者

Leonard Cronin，Reed Books Pty Ltd 1989 版，ISBN：07030102920

6. Cronin's Key Guide to Australian Rainforest Plants, 作者：Leonard Cronin，Allen & Unwin 2024 年版，ISBN: 9781761068876

7. Cronin's Key Guide to Australian Wildflowers，3rd Edition, 作者：Leonard Cronin，Allen & Unwin 2023 年版，ISBN：9781761470240

8. Native Plants of the Sydney Region，作者：Alan Fairley and Philip Moore，Allen & Unwin 2010 年版，ISBN：9781741755718

9. Eucalypts of the Sydney Region，作者：Gary Leonard，University of New South Wales Press 2007 年版，ISBN：9780868408620

10. Native Plants of Northern Australia，作者：John Brock，Reed New Holland 2005 年版，ISBN：9781877069246

11. Australian Native Plants，7th Edition, 作者：John Wrigley and Murray Fagg，Reed New Holland 2024 年版，ISBN：9781925546910

12. Around the World in 80 Trees，作者：Jonathan Drori，Laurence King Publishing 2018 年版，ISBN：9781786271617

網站：

    1. 維基百科：https://www.wikipedia.org/

    2. 谷歌搜索：https://www.google.com.au/

    3.iPlant 植物智：https://www.iplant.cn/

    4.iNaturalist：https://www.inaturalist.org/

插圖主要參考資料目錄

    1.DK 樹木大百科，作者：英國 DK 出版社編著，翻譯：王晨、張超、付建新，北京科學技術出版社 2023 年版

    2.DK 博物大百科，作者：英國 DK 出版社編著，翻譯：張勁碩，科學普及出版社 2018 年版

3.DK 植物大百科，作者：英國 DK 出版社編著，翻譯：劉夙、李佳，北京科學技術出版社 2022 年版

4.樹葉博物館，作者：[英] 艾倫·J.庫姆斯，編輯：[匈] 若爾特·德布雷齊，翻譯：劉夙，北京大學出版社 2021 版

5.樹的秘密生活，作者：[英] 羅蘭·恩諾斯，翻譯：梁焰，人民郵電出版社 2018 版

6.樹，文圖作者：[日] 長穀川哲雄，翻譯：田潔，二十一世紀出版社 2014 年版

7.新森林志，作者：[英] 加布裏埃爾·赫梅呂、[英] 薩拉·西蒙博爾特，翻譯：陳朋，海峽出版集團海峽書局 2023 年版

8.怎樣觀察一朵花，攝影：[美] 羅伯特·盧埃林，作者：[美] 特裏·鄧恩·切斯，翻譯：周瑋，商務印書館 2018 年版

9.怎樣觀察一粒種子，作者：[美] 特裏·鄧恩·切斯，攝影：[美] 羅伯特·盧埃林，翻譯：光合作用園藝，商務印書館 2019 年版

10.怎樣觀察一棵樹，作者：[美] 南茜·羅斯·胡格，攝影：[美] 羅伯特·盧埃林，翻譯：阿

黛, 商務印書館 2016 年版

　　11. 樹木果實圖鑒, 作者:［日］小林智洋、山東智紀, 攝影:［日］山田英春, 翻譯:盧姿敏, 遠流出版事業股份有限公司 2022 年版

　　12. 樹, 作者:［英］艾倫·J.庫姆斯著, 攝影:［英］馬修·沃德, 翻譯:貓頭鷹出版社, 中國友誼出版公司 2007 版

　　13. 種子的隱秘之美, 作者:［英］列文·比斯, 翻譯:李永學, 湖南美術出版社 2023 版

　　14. 百度百科網站

www.ingramcontent.com/pod-product-compliance
Lightning Source LLC
Chambersburg PA
CBHW040938030426
42335CB00001B/38